人工智能营销

第2版

阳翼 —— 著

ARTIFICIAL
INTELLIGENCE
MARKETING

中国人民大学出版社
·北京·

图书在版编目（CIP）数据

人工智能营销/阳翼著．--2版．--北京：中国人民大学出版社，2024.6．-- ISBN 978-7-300-32962-8

Ⅰ. F713.50-39

中国国家版本馆CIP数据核字第2024JM0304号

人工智能营销（第2版）
阳翼　著
Rengong Zhineng Yingxiao

出版发行	中国人民大学出版社		
社　　址	北京中关村大街31号	邮政编码	100080
电　　话	010-62511242（总编室）		010-62511770（质管部）
	010-82501766（邮购部）		010-62514148（门市部）
	010-62515195（发行公司）		010-62515275（盗版举报）
网　　址	http://www.crup.com.cn		
经　　销	新华书店		
印　　刷	天津中印联印务有限公司	版　次	2019年8月第1版
开　　本	720 mm×1000 mm　1/16		2024年6月第2版
印　　张	12.25 插页2	印　次	2024年6月第1次印刷
字　　数	143 000	定　价	59.00元

版权所有　　侵权必究　　印装差错　　负责调换

PREFACE ▶ 前　言

　　本书第 1 版于 2019 年 8 月出版。近五年来，人工智能技术取得了突破性的进展，一个里程碑式的事件是 2022 年 11 月 30 日 OpenAI 发布了让整个世界都为之震撼的 ChatGPT，它不仅让人工智能成功跨越了拐点，揭示了人工智能的巨大潜力和广阔市场，同时也拉响了全球科技企业开展大模型"军备竞赛"的号角，预示着一个崭新的人工智能时代的到来。

　　与此同时，人工智能在营销行业的应用得到了快速普及，阿里巴巴、可口可乐等一大批国内外知名企业开始在营销实践中使用 AI 并取得了不俗的市场效果。当然，我们也应该看到，人工智能为企业带来收益的同时，也带来了许多伦理和法律问题。标志性事件是 2023 年 4 月国内知名营销传播服务商蓝色光标华东区总部运营采购部在公司内部发的一封邮件："为了遏制核心能力空心化的势头，也为了给全面拥抱 AIGC 打下基础，即日起，管理层决定无期限全面停止创意设计、方案撰写、文案撰写、短期雇员四类相关外包支出"，同时开始对外招聘 AIGC 实习生。营销行业"人工智能换人"的挑战成为学界和业界共同关注的焦点。

　　跟几年前相比，学界也对人工智能营销这一重要领域给予了极大的关注。除了大量相关研究论文和著作发表外，笔者也获批国家社科基金一般项目（22BGL117）"人工智能营销的伦理问题及其规制研究"。为了紧跟时代步伐，总结和提炼人工智能营销领域最新实践经验和研究成果，帮助读者更好地理解人工智能营销的本质和规律，我和我的研究团队用时近一年完成了第 2 版的撰写工作。相较于第 1 版，第 2 版在行业现状、数据资料、研究文献、典型案例、发展趋势等方面均做了较大幅度的更新与完善。

感谢我的研究生李姝、魏茜、林冬喜、庞玉玮、胡琴慧、赵若曦、郭斌、雷雨田、黄灿娜、温红艳、陈源山、吴悦波、朱德志和来自塞尔维亚的丽艾琳对本书第 1 版的贡献。江嘉琪、郭雅汶、陈美仪、宋佳宁、李佳宁、罗凯馨、吴珊、洪珮钧、李承烨在第 1 版的基础上通力合作，高效地完成了第 2 版初稿的撰写，感谢他们的努力和付出！

百度在线网络技术（北京）有限公司管理层看过本书第 1 版后，邀请笔者合作录制了《人工智能营销》在线课程，该课程于 2024 年 4 月获批教育部产学合作协同育人项目。感谢百度的信任与支持！

在第 2 版的撰写过程中，我深感人工智能的强大和潜力。大模型不仅提供了丰富的信息和建议，还帮助我们更好地理解和把握人工智能营销的最新动态和发展趋势。这让我更加坚信，AI 现在是，将来也会是营销行业最重要的驱动力之一。

有一个观点颇有意思：替代你的，不是 AI，而是那些懂得使用 AI 提升自己营销能力的人。面对挑战，你准备好了吗？

阳 翼

CONTENTS ▶ 目 录

01 第1章 迈入人工智能领域 　　001
▶ 引例　杭州亚运会数字火炬手　　002
第1节　什么是人工智能　　003
第2节　从1308年至今——人工智能缓步走来　　007
第3节　人工智能的发展现状及趋势　　010
▶ 例1-1　可口可乐AI营销　　014
▶ 例1-2　马斯克和扎克伯格的人工智能论战　　017

02 第2章 认识人工智能营销 　　021
▶ 引例　见证服务贸易创新的AI力量　　022
第1节　什么是人工智能营销　　023
第2节　人工智能的营销价值　　030
▶ 例2-1　小米：标签结合算法可以碰撞出什么火花　　035
▶ 例2-2　科大讯飞：用语音识别技术优化广告体验　　037

03 第3章 人工智能与消费者 　　041
▶ 引例　人工智能洞察95后流行趋势　　042

第 1 节　情感分析洞察消费心理　　　　　　　　　　043
第 2 节　智能服务提升消费体验　　　　　　　　　　044
第 3 节　精准触达满足消费需求　　　　　　　　　　046
▶ 例 3-1　星巴克利用人工智能提升顾客体验和运营效率　051
▶ 例 3-2　王权球场向球迷提供无接触式付款体验　　052

04　第 4 章　人工智能与产品创新　　　　　　　　　055

▶ 引例　Google Lens：看见世界，更要看懂世界　　056
第 1 节　人工智能带来的产品变革　　　　　　　　　057
第 2 节　人工智能驱动的产品创新　　　　　　　　　063
▶ 例 4-1　谷歌推出 Android Wear 2.0 智能手表　　　083
▶ 例 4-2　科大讯飞翻译机 4.0　　　　　　　　　　　085

05　第 5 章　人工智能与定价创新　　　　　　　　　089

▶ 引例　人工智能定价时代的来临　　　　　　　　　090
第 1 节　人工智能时代定价策略的变化　　　　　　　090
第 2 节　人工智能驱动的定价创新　　　　　　　　　093
第 3 节　关于价格歧视的反思　　　　　　　　　　　099
▶ 例 5-1　大数据是否真的杀熟　　　　　　　　　　101
▶ 例 5-2　小鹏汽车车辆保险的人工智能应用　　　　102

06　第 6 章　人工智能与渠道升级　　　　　　　　　105

▶ 引例　Amazon Go 无人便利店正式营业　　　　　　106
第 1 节　人工智能与渠道设计　　　　　　　　　　　107

第 2 节	人工智能与渠道服务	111
第 3 节	人工智能与物流管理	117
▶ 例 6-1	京东的智慧供应链	125
▶ 例 6-2	丝芙兰数智化服务未来概念店	127

07　第 7 章　人工智能与营销传播升级　131

▶ 引例	AI 助力营销全链路升级	132
第 1 节	人工智能驱动的广告升级	133
第 2 节	人工智能驱动的公关升级	154
第 3 节	人工智能驱动的促销升级	158
▶ 例 7-1	Synaps Labs：定制你的专属汽车广告	160
▶ 例 7-2	AI 助力梦妆新品"挤挤唇膏"上市	162

08　第 8 章　人工智能营销的伦理与法律问题　167

▶ 引例	今日头条涉嫌侵犯用户隐私	168
第 1 节	人工智能营销的伦理问题	170
第 2 节	人工智能营销的法律问题	176
▶ 例 8-1	反制买票机器人技术再升级	187
▶ 例 8-2	微软聊天机器人"辱骂"美联社记者	188

01

第1章
迈入人工智能领域

引例　杭州亚运会数字火炬手

2023年9月，支付宝作为亚运会官方合作伙伴、技术服务方，用技术助力开幕式，首创了数实融合、人人可参与的经典时刻——全球首个数字点火仪式。来自全球的超1亿名数字火炬手化作点点光芒，汇聚成一个超级数字火炬手（见图1-1），步入"大莲花"体育场，与线下的火炬手一起点燃主火炬塔。

图1-1　杭州亚运会超级数字火炬手

支付宝工程师们针对300多部不同年代、不同型号的手机，进行了超10万次测试，敲下了20多万行代码，并通过自研Web3D互动引擎Galacean、AI数字人、云服务、区块链等多种技术的结合，保障了使用 8 年前老旧手机的用户都可顺畅成为数字火炬手，参与火炬传递。为了满足全球数字火炬手都能"一人一面、独一无二"，技术团队开发了 58 个"捏脸"控制器，进行上万次 AI 动作捕捉，采集了几十万张服装图像数据，从而让数字火炬手的形象达到了 2 万亿种。

除了激动人心的点火仪式，开幕式 AR 互动也令人印象深刻，打开支付宝扫描主舞台，即可在现场召唤吉祥物、放飞许愿灯、寄送明信片……AR 与 AI 的技术融合让人耳目一新。支付宝技术团队融合人工智能、空间计算、三维渲染等技术，进行了 3 个月的研发优化，才让 AR 互动达到了影视级效果。

第 1 节　什么是人工智能

近年来，随着数据的爆发式增长、计算能力的大幅提升以及深度学习算法的发展和成熟，人工智能迎来了第三次浪潮，在计算机视觉、语音识别、自然语言处理等一系列领域取得了突破性进展，基于人工智能技术的应用也日趋成熟，正深刻改变人们的生产和生活方式。可以说，人工智能就像蒸汽、电力和计算机一样，很可能是下一次工业革命的技术动力。

一、人工智能的定义

人工智能（artificial intelligence，AI）这一术语最早于 1956 年由约

翰·麦卡锡（John McCarthy）提出，他认为，"人工智能是关于如何制造智能机器（特别是智能计算机程序）的科学和工程，它与使用机器来理解人类智能密切相关，不局限于生物学领域那些可观察到的方法"。人工智能学科的主要奠基人之一赫伯特·西蒙（Herbert Simon）在1990年应邀为《人工智能百科全书》撰写的序言中，基于物理符号系统假设的立场，认为人工智能有两个主要分支：第一，狭义的人工智能是计算机科学的一部分，旨在探索可通过计算机编程使其行为具有智能的一系列任务，它并未主张计算机智能在过程上模拟人类智能；第二，人工智能是新兴认知科学的一部分，该学科旨在通过编程来模拟人类在智能行为中所运用的实际过程。

美国斯坦福大学人工智能研究中心的尼尔逊教授给人工智能下的定义是："人工智能是关于知识的学科——关于怎样表示知识以及怎样获得知识并使用知识的科学。"国际人工智能协会（Association for the Advancement of Artificial Intelligence，AAAI）则将人工智能看作"对作为思维和智能行为基础的机制的科学理解及它们在机器中的具体实现"。麻省理工学院温斯顿教授的定义更为简明："人工智能就是研究如何使计算机去做过去只有人才能做的智能工作。"

综上所述，人工智能是一种智能，只不过它不是自然界进化而来的，而是人类创造出来的，它的一个重要参照系是人类本身，应该可以对人的意识和思维过程进行模拟。也就是说，人工智能是研发用于模拟和延伸人类智能的理论、方法、技术及应用系统的一门科学。

二、人工智能的基础

人工智能的发展进程中涉及大量的学科，哲学、数学、生物学、经济学、心理学、神经科学、计算机科学、语言学以及控制论等都涵盖在内。[①] 按照不同的功能，可以粗略地将其分为三部分：第一部分是为人工智能提供重要假设和概念的学科，比如控制论和经济学；第二部分是致力于研究现阶段以及未来人工智能发展的学科，比如心理学和哲学；第三部分则是为人工智能的实现提供工具的学科，包括数学、生物学、语言学、神经科学和计算机科学。

第一次科学地研究自动系统的是控制论这门学科，诺伯特·维纳（Norbert Wiener）的著作《控制论：或关于在动物和机器中控制和通信的科学》使人们意识到人工智能的可能性。维纳把控制论看作一门研究机器、生命社会控制和通信的学问，其中包括关于动物和机器的控制问题[②]，因此控制论本身就是关于机器人和人的科学。如今，自动化理论主要运用在大机器自动化生产上，控制论为人工智能的发展提供了自动化的概念。

经济学主要研究不确定情况下如何达到更好、更理想的结果，专门研究这部分问题的理论称为博弈论。博弈论中的效用可作为评判是否智能的标准，能否达到最理想的结果则可用来评判此物是否智能。人工智能发展的目标之一是在各类事项的处理上都能做出最优决策。为了做到这一点，

[①] 罗素，诺文. 人工智能：一种现代方法：第3版. 姜哲，金奕江，张敏，译. 北京：人民邮电出版社，2010.

[②] 维纳. 控制论：或关于在动物和机器中控制和通信的科学. 郝季仁，译. 北京：北京大学出版社，2007.

它必须具备超越人类的完全理性。博弈论提供了一种研究人工智能的方向，即完全客观理性，其评判实际效用的度量标准应当绝对客观。可以说，经济学为人工智能的发展提供了一个明确的目标。

心理学的研究基础目标是描述、解释、预测和控制行为。《心理学与生活》一书中提到，收集行为数据是为了更好地描述发生的行为，通过对特定形式下的原因进行解释，对未来的行为做出预测，最后控制一些行为的发生。① 心理学强调实验的科学性，运用计算机建模的方法研究记忆、语言与逻辑，提供人工智能的发展指引。

哲学思想体现在各个学科和人类社会的方方面面，这些思想源自先秦诸子、两汉经学，后至人本主义和辩证唯物主义。探究人工智能的过程离不开哲学的重要支撑，如人类究竟应以怎样的方式正确对待像人工智能这样由人类自己创造出来的新事物、新科技②是哲学需要回答的重要问题。

数学、生物学、语言学、神经科学和计算机科学则集中在为人工智能研究提供工具。任何自然科学都离不开数学，数学与人工智能的联系尤为密切，大数据分析作为人工智能的一个"先导"，其中包含了许多数学算法。伴随着人工智能的发展，生物学的研究更为深入，仿生学成为现阶段人工智能探索的一个热门方向。生物学希望通过充分控制有机体，对其进行改进，被驯化的动植物便是将技术逻辑应用于生命有机体的范例。③ 语

---

① 格里格，津巴多. 心理学与生活. 王垒，王甦，周晓林，等译. 北京：人民邮电出版社，2003.
② 康兰波. 论人工智能的哲学意蕴. 重庆大学学报（社会科学版），2002（2）.
③ 凯利. 失控：机器、社会系统与经济世界的新生物学. 东西文库，译. 北京：新星出版社，2010.

言学是研究语言的学科，人类的语言理解过程可以解释为一种知识表示上的计算过程，这使得计算机理解自然语言在技术上具有可能性。人工智能模仿人脑时，面临如何组建大脑的问题，神经科学负责解释人的大脑是如何组成的。计算机科学为人工智能的发展提供了高效的计算机硬件、操作系统与编程语言。

第 2 节　从 1308 年至今——人工智能缓步走来

早在公元前 900 年左右，我国就有机器人的相关记载，西方的记载则可追溯到古希腊时期，但由于科技和各种基础学科发展不足，研究长时间停滞不前。

一、萌芽阶段——人工智能思想的起源

1308 年，加泰罗尼亚诗人兼神学家雷蒙·卢尔（Ramon Llull）出版《最终的综合艺术》(*The Ultimate General Art*)，详细描述了"逻辑机"的概念，声称能够将基本的真理通过机械手段用简单的逻辑操作进行组合，进而获取新的知识。① 这是人类历史上第一次系统提出的最接近人工智能的思想。

1308—1950 年，戈特弗里德·莱布尼茨（Gottfried Leibniz）、托马斯·贝叶斯（Thomas Bayes）和尼古拉·特斯拉（Nikola Tesla）等学者都提出了可以归结为"初级人工智能"思想的理论和观点。1936 年，

---

① Johnston M D. The spiritual logic of Ramon Llull. Oxford: Clarenden Press, 1987.

"人工智能之父"艾伦·图灵（Alan Turning）提出了通用机的理论构想，约翰·冯·诺伊曼（John von Neumann）则通过这种设想制造出存储程序计算机。①

二、实验阶段——不可思议的图灵测试

1950年，艾伦·图灵发表了一篇划时代的论文——《计算机与智能》（Computing Machinery and Intelligence），提出了著名的图灵测试。测试的主要流程是在测试者（人）与被测试者（机器）相互隔开的情况下，测试者通过一些装置（比如键盘）向被测试者随意提问，如果被测试者超过30%的答案能够让测试者无法分辨出是人还是机器，那么这台机器就通过了测试，可以认为这台机器具有人类智能。通过这一测试，图灵让人相信"思考的机器"是可能的，图灵测试也由此成为验证机器能否具备人类智能的著名测试。

自此之后，人工智能相关研究一直受到极大的关注。1955年，在美国洛杉矶召开了美国西部计算机联合大会（Western Joint Computer Conference），奥利弗·赛弗里奇（Oliver Selfridge）、艾伦·纽厄尔（Alan Newell）两位学者在会上就机器学习展开了讨论。1956年，达特茅斯学院召开了关于人工智能的研讨会，摩尔、所罗门诺夫、麦卡锡、明斯基、赛弗里奇等学者出席会议，这次历史性的会议历时一个月，史称"达特茅斯会议"。该会议被公认为人工智能的起源，标志着人工智能正式成为一门学科。2006年，这五位学者重聚达特茅斯（见图1-2）。

---

① 戴森. 图灵的大教堂. 盛杨灿，译. 杭州：浙江人民出版社，2015.

图 1-2　摩尔、麦卡锡、明斯基、赛弗里奇、所罗门诺夫重聚达特茅斯

三、应用阶段——投身人工智能的发展

1955 年 12 月，赫伯特·西蒙和艾伦·纽厄尔开发了第一个人工智能程序 Logic Theorist，它可以证明罗素和怀特海《数学原理》52 个定理中的 38 个，标志着人工智能进入应用阶段。

此后，越来越多的人工智能项目和产品问世。弗兰克·罗森布拉特（Frank Rosenblatt）在 1957 年开发出人工神经网络 Perceptron（感知机）；次年，约翰·麦卡锡开发出程序语言 Lisp；1959 年，阿瑟·萨缪尔（Arthur Samuel）最先提出"机器学习"这一术语，并萌发让计算机学习下棋的设想。

如今，以 ChatGPT、文心一言为代表的强大人工智能的问世冲击着人们关于人工智能的旧有观念，它早已不是人们以为的那个必须依靠人工介入的"机器人"，而是变成了能够自主学习、深度学习的"学习人"。

第3节　人工智能的发展现状及趋势

一、人工智能的发展现状

人工智能产业近年来的快速发展离不开技术进步，跟政府的高度重视与大力支持也分不开。世界各大经济体纷纷采取措施，出台相关政策，鼓励相关研究，扶持人工智能产业的发展。德国在2013年汉诺威工业博览会上正式提出"工业4.0"的概念，并将其作为十大未来项目之一，旨在实现工业的智能化，具体而言就是利用信息物理系统（cyber-physical system，CPS）将生产中的供应、制造、销售信息数据化、智慧化，最后实现快速、有效、个人化的产品供应[1]；2016年10月，美国国家科技委员会接连发布两个重要战略文件——《为人工智能的未来做好准备》和《国家人工智能研究与发展战略划》，提出七大重点战略方向，将人工智能上升到国家战略层面，为国家资助的人工智能研究和发展确定策略。

我国也十分重视人工智能产业的发展。2016年8月8日，工信部发布《"十三五"国家科技创新规划》，其中多次提及人工智能，提出要全力提升人工智能集群式创新创业能力；2017年7月20日，国务院发布《新一代人工智能发展规划》，明确提出面向2030年的我国新一代人工智能发展的指导思想、战略目标、重点任务和保障措施等，提出要加快建设创新型国家和世界科技强国，重点强调解决技术、经济、社会和国防四大领域

---

[1] 林州波. 人工智能引领未来营销. 上海信息化, 2017 (6).

的问题。由此可见，我国社会经济发展与人工智能技术结合已是大势所趋。

《中国新一代人工智能科技产业发展报告 2023》指出，截至 2022 年 6 月，我国人工智能企业数量超过 3 000 家，仅次于美国，排名第二，人工智能核心产业规模超过 4 000 亿元。我国人工智能企业在智能芯片、基础架构、操作系统、工具链、基础网络、智能终端、深度学习平台、大模型和产业应用领域的创新活动，提升了产业的国际竞争力。平台企业、独角兽公司、中小企业、新创企业、研究型大学、科研院所和投资者之间相互协作，共同构建富有活力的产业创新生态，人工智能科技创新和产业发展表现出日益明显的集群化态势。[1]

制约人工智能技术发展的三大难题分别是：算力、算法和数据。近年来，随着互联网的发展以及多年来的技术积累，这三大难题已经基本解决。首先，算力方面，GPU[2] 的诞生大幅提高了计算能力；其次，被称作"人工智能 50 多年历程中最大突破"[3] 的深度学习（deep learning, DL）[4] 算法的应用解决了算法难题；最后，互联网的发展带来信息爆炸，同时为深度学习提供了巨量的数据源，从而解决了数据量不足的问

---

[1] 中国新一代人工智能科技产业发展报告 2023.（2023 - 06 - 25）. https://mp.weixin.qq.com/s/5ytU_rsyBRvRn8olAomDeQ.

[2] GPU 英文全称为 graphic processing unit，中文翻译为"图形处理器"，是相对于 CPU 的一个概念，是专门负责图形的核心处理器。

[3] ITpro, Nikkei Computer. 人工智能新时代：全球人工智能应用真实落地 50 例. 杨洋，刘继红，译. 北京：电子工业出版社，2018.

[4] 深度学习是一种特殊的机器学习，是一种能够模拟人脑神经结构的机器学习方法。深度学习与机器学习最主要的区别在于随着数据规模的扩大，深度学习的性能不断增强。当数据很少时，深度学习算法的性能并不好，这是因为完美理解深度学习算法需要大量的数据，在这种情况下，传统的机器学习算法使用既定的规则，性能比较好。

题。① 这三大难题解决后，人工智能迎来了大发展。

2016年3月15日，谷歌的AlphaGo以4∶1的总比分击败围棋世界冠军李世石；2017年1月4日，谷歌的AlphaGo Master（AlphaGo的升级版）在30秒快棋网测中，以60胜0负1和的战绩，横扫柯洁、古力、聂卫平等数十位世界冠军与顶级高手；2017年10月19日，仅拥有4个TPU②、零人类经验和3天自我训练的AlphaGo Zero以100∶0的战绩击败AlphaGo Master。

在AIGC（生成式人工智能）领域，2018年，新华社与搜狗公司合作的全球首个AI合成主播"新小浩"亮相，但只可以坐着进行播报；2019年，"新小浩"迭代归来，不仅能够站着播报，肢体语言也更加丰富，同年，全球首个AI合成女主播"新小萌"出现；2020年两会期间，以新华社记者赵琬微为原型的"新小微"是3D形象版的AI主播，表情与服装皆可进行切换，实现了模块化组装；2023年两会期间，人民日报推出了AI数字主播"任小融"，实现了H5交互设计的"面对面"交流，可做到千人千面的个性化设计。

2022年11月底，美国OpenAI公司发布了ChatGPT大语言模型，具备执行多种语言任务的能力。到2023年，OpenAI进一步推出了自定义ChatGPT机器人功能和性能更强的GPT-4 Turbo模型。与此同时，全球对GPT系列产品的关注度不断上升，中国的多家机构也纷纷推出了类似的人工智能产品，包括百度的文心一言、商汤科技的日日新SenseNova、

---

① 吴军. 智能时代：大数据与智能革命重新定义未来. 北京：中信出版集团，2016.
② TPU英文全称为tensor processing unit，即张量处理单元，是一款为机器学习定制研发的芯片，经过了深度机器学习方面的专门训练，有更高的效能（每瓦计算能力）。

阿里巴巴的通义千问等，这些发展标志着人工智能技术的快速进步和广泛应用。

二、人工智能的未来趋势

人工智能的发展可大致划分为四个阶段。一是运算智能，即"能存会算"。人工智能涉及的各项技术的发展是不均衡的。在该阶段，计算机的优势是具备存储和运算能力。1997 年，IBM 的"深蓝"计算机战胜了当时的国际象棋世界冠军卡斯帕罗夫，从此，人类在强运算型比赛方面无法战胜机器。二是感知智能，即"能听会说，能看会认"。自动驾驶汽车就是通过感知设备和人工智能算法实现感知智能的，机器在感知智能方面已经可以与人类相媲美。三是认知智能，即"能理解会思考"。这是人工智能的高级阶段，在这方面机器与人类还有一定的距离。四是创造智能，即"能创造"。目前，这方面的研究还处于初级阶段，机器距离人类尚远。

在接下来的几年中，人工智能可能会呈现出以下几个主要的发展趋势：一是利用开源模型来扩展人工智能实力，例如通过 GPT-J 和 BERT 等开源模型，而不仅是依赖如 ChatGPT 等主流选择。二是集成与普及化，随着技术的进步和成本的下降，人工智能将更广泛地集成到日常生活和工作中。三是人工智能的自主学习和适应性增强，未来的 AI 系统将具备更强的自主学习能力，能够在不断变化的环境中快速适应和学习。四是对伦理问题的重视，随着 AI 技术的发展，相关伦理问题将变得更加突出。因此，未来的 AI 发展将更加注重伦理规范的制定以及国际合作与标准的建立。

展望未来的 20 年，人工智能给人类社会带来的影响将更加深远。互联网"预言家"凯文·凯利认为，未来 10～20 年人工智能将给世界带来颠覆性的变化，一切都将智能化。著名的未来学家、《奇点临近》的作者雷·库兹韦尔预言 2030 年将出现混合式机器人，将人工智能推进到新的发展阶段，机器人与人工智能给世界带来的影响将远远超过计算机和互联网在过去 30 年间给世界带来的改变。① 比尔·盖茨在一篇给大学毕业生的寄语中直言，如果要在今天寻找和数字革命一样能够给世界带来巨大影响的机会，他第一个考虑的就是人工智能。就像多年前电力的出现带来的颠覆一样，人工智能的继续发展必将掀起一场新的革命。据普华永道的相关报告，到 2030 年，人工智能将为全球经济贡献约 15.7 万亿美元，其中商业自动化以及使用人工智能辅助工人对生产力提升的贡献为 6.6 万亿美元，另外的 9.1 万亿美元贡献来自消费方面，如用户购买个性化、更高质量的商品，这将促进整个社会的消费。②

在人工智能造福人类的同时，担心、不安甚至恐慌的情绪开始在社会中蔓延。机器人取代甚至毁灭人类的言论使人们焦躁不安，人们不知道人工智能是一个内蕴灾难的潘多拉盒子还是一部通往更多人类先进文明的电梯。唯一可以确定的是，盒子已经被打开，电梯按钮已经被按下，风险和机遇并存。

例 1-1　可口可乐 AI 营销

随着人工智能技术的快速发展，可口可乐也开始涉足这一领域，将 AI 技术应用于营销战略中。

---

① 库兹韦尔. 人工智能的未来. 盛杨燕，译. 杭州：浙江人民出版社，2016.
② 金东寒. 秩序的重构：人工智能与人类社会. 上海：上海大学出版社，2017.

1. AI 艺术二维码：创意与技术的结合

2023 年夏天，创意技术专家和艺术家特洛伊·尼（Troy Ni）使用 Stable Diffusion 和 ControlNet 工具进行二维码艺术创作实验，他的创意引起了可口可乐公司的关注，可口可乐邀请他加入营销活动项目。可口可乐为了推广旗下 Coke Studio 全球音乐平台，联合代理合作伙伴 WPP Open X、特洛伊·尼，利用 AI 创造了五个独特的二维码，这些二维码的画风和细节与主题曲 MV 中的五大场景、五位合作艺人一一对应。这些艺术二维码被投放在电影院、体育场和主题公园的户外显示屏上，从远处看，二维码的形状很好地融入各具特色的场景，成为街头的一道风景线。消费者扫描这些二维码，即可观看可口可乐推出的 Be Who You Are 歌曲 MV。这一创新举措不仅吸引了大量消费者的关注，增加了可口可乐广告的趣味性和互动性，还进一步提升了可口可乐的品牌形象，展示了 AI 技术在广告创意方面的可能性。

2. AI 音乐营销：打造视听盛宴的 MV 新体验

2023 年 6 月，可口可乐推出了年度主题曲 Be Who You Are 及 MV。这首歌曲由格莱美奖得主乔恩·巴蒂斯特（Jon Batiste）创作。为了打造一个视听盛宴的赛博空间，MV 利用 AI 技术呈现了飘浮在空中的唱片、AI 变身元素、舞动的兔子机甲、驰骋飞跃的动画场景等奇幻元素。[①] 这些奇幻元素都通过 AI 技术得以呈现，使得整支 MV 充满了未来感和想象力，不仅为观众带来一场视觉享受，还进一步突出了可口可乐品牌年轻、

---

① 中国人玩得最 6 的二维码，竟被美国人变成艺术品．（2023-09-12）．https://mp.weixin.qq.com/s/DDu8dgnthCMb6bsIJ-9sKw．

活力的形象。通过这种创新的音乐营销方式，可口可乐成功吸引了年轻消费者的关注和喜爱。

在 AI 营销的实践中，可口可乐十分注重效果评估和优化。通过收集和分析消费者数据，了解消费者对不同营销活动的反应和喜好，可口可乐不断调整和完善其 AI 营销策略。例如，根据消费者扫描艺术二维码的次数和观看 MV 的时长等数据，可口可乐可以评估不同营销活动的吸引力和效果，从而优化投放策略。

3. AI 创作工具：激发创意与个性化的新途径

2023 年 3 月，可口可乐推出了一个提供 AI 工具和可口可乐 Logo 的创作网站。这个网站允许人们自由创作，并且可以借助 AI 技术生成个性化的可口可乐标语。这一举措旨在鼓励消费者发挥创意，表达自己的个性，同时也为可口可乐提供了一个与消费者互动的新平台。通过这个网站，用户可以轻松地生成独特的可口可乐标语，满足个性化的需求。这种互动方式让消费者感到被尊重和重视，进一步拉近了品牌与消费者之间的距离。

> ▶ 讨论题 ◀
>
> 1. 可口可乐这次营销活动在哪些地方运用了 AI 技术？
> 2. 可口可乐 AI 营销的成功因素有哪些？
> 3. 对于这次 AI 营销活动，你认为还有哪些可以改进的地方？

例1-2 马斯克和扎克伯格的人工智能论战[①]

2017年，网络上爆发了一场特斯拉和太空探索技术公司（SpaceX）创始人埃隆·马斯克与脸书掌门人马克·扎克伯格的论战，两个人争论的主题是人工智能的规范问题。

马斯克的核心观点是，如果人们不对人工智能的发展进行适当的监管，那么未来人工智能很有可能变成终结人类的杀手。在2017年7月15日美国州长协会夏季会议上，马斯克发表演讲，再次强调人工智能可能对人类造成威胁，原因是人工智能可以递归性[②]地改进自己，即进行自我调整。

时隔几天，扎克伯格通过脸书平台在自家后院一边烤肉一边与400万粉丝直播互动，这一过程长达一个半小时。当被问到人工智能威胁论时，扎克伯格表达了非常乐观的看法："人工智能可以让世界变得更好。"扎克伯格暗讽了马斯克的言论，说："我认为那些老爱唱反调的人试图摆弄末日的情景，这是非常负面的，在某些方面我认为这是非常不负责任的。"

马斯克不甘示弱，隔天就通过推特反击，说："我已经跟扎克伯格谈过了，他对这个话题的理解非常有限。"

这两个商业大亨关于人工智能的论战形成了一个戏剧化的对比：马斯克在美国州长聚集的政治场合拉警报，企图告诫人们人工智能对人类文明

[①] 马斯克和扎克伯格的人工智能论战. (2017-08-11). https://www.sohu.com/a/163798518_104253.

[②] 递归性是语言的根本性质之一，是指语言结构层次和言语生成中相同结构成分不断重复或相套，进行同功能替换，以构成复杂的短语或句子。

的确存在威胁。扎克伯格通过脸书发言，是一场精雕细琢的"场景营销"，在他家后院烤肉也绝非偶然，这个场景象征着人工智能展望的未来，是田园式的风光而不是恐怖的世界末日。

由此可以看出，两个人对人工智能未来发展的看法存在本质冲突。在网络社会，有一个著名理论一直被人们广泛使用——技术中性论，即网络具有两面性，技术是一把双刃剑，这个理论认为技术本身没有好坏之分。马斯克谈论的人工智能是挑战人类智能水平的"通用人工智能"，可以发展出摧毁性的邪恶智能，即使研发者有很好的意图，仍然会"偶然产生一些邪恶的东西"。根据以往接触到的人工智能技术来看，马斯克认为"任何事情机器人都会比人类做得更好"，他担心的不仅仅是就业市场，"人工智能是人类文明面临的根本风险，我不认为人们完全理解这一点"。这就好比刀被人类发明出来后，如果拿来切菜，我们会说它是好工具；如果拿来行凶，我们则会说它是坏工具。日常生活中不使用刀的时候，我们是会说"随身带把刀吧，它很实用"，还是会说"别随便碰它，它很危险"？正因为如此，在日常生活中，人们普遍将刀视为危险物品，从这个层面来看，我们还能说技术是完全中性的吗？由此可见，马斯克显然不同意人工智能只是与创建或使用它们的人一样好或一样坏。

在硅谷，很多人认为马斯克的"末世论"是电影里的陈词滥调，马斯克只不过是在挑起一个根深蒂固的矛盾：人与机器之间的冲突。其目的并不是拯救世界，因为他并没有给出切实可行的解决办法，因此更多人认为，他只是借此来营销推广自己的品牌。

> 讨论题

1. 对于马斯克和扎克伯格的论战,你更支持谁的观点?

2. 你认为未来人工智能的发展可以达到什么程度?

3. 你认为可以采取哪些措施让人工智能更好地为人类服务,而不会对人类造成威胁?

第 2 章

认识人工智能营销

引例　见证服务贸易创新的 AI 力量

2022 年 AIGC 创业浪潮席卷而来，随着 AIGC 技术的快速迭代，无接触服务需求迅速拉动智能化人机交互 AI 市场的发展。AI 产业链的逐步成熟也意味着数据、算力、算法、工具、应用层等各个环节已然进入良性发展期，如何在 AI 热潮中找准产业链角色与应用场景，同时把握技术变革与产品融合应用的界限则成为当今企业制胜的关键。

易点天下正是一家以技术驱动发展的企业国际化智能营销服务商，其自主研发的 AIGC 数字营销创作平台 KreadoAI 以全球化的智能营销服务助力中国品牌出海。KreadoAI 以 AI 数字人、AI 模特、AI 工具、AI 创意资产四大解决方案为依托，运用 AI 技术、服务场景解决方案、营销数据的闭环等，为全球用户提供 AI+ 的多场景解决方案，并通过持续的营销数据反馈与迭代进一步实现增长飞轮效应。将 AIGC 全面应用于营销过程的多个环节之中，实现中国品牌出海营销全链路的商业价值。以电商广告为例，以前找模特拍摄产品广告，时间成本至少一天且费用相对较高，KreadoAI 可以在数分钟内实现超百位模特的个性化选取并与产品的场景融合，费用更低。

第 1 节　什么是人工智能营销

经过多年的发展，人工智能技术在众多领域的应用已经取得长足的进步，如智能制造、智能家居、智能医疗、智能教育、智能安防、智能城市、智能社交、智能文创、智能金融等，在营销领域情况也是如此。所谓人工智能营销（artificial intelligence marketing），简单来说就是运用人工智能技术开展的市场营销活动。计算机视觉、语音识别、自然语言处理、机器学习等技术的广泛应用正在掀起一场新的营销革命。近年来，一些拥抱人工智能的数字营销企业取得了不俗的业绩，例如，蓝色光标在 2023 年初确定了 AI 企业战略，经过一年多的时间，公司更新迭代了生成式 AI 的能力，总体 AI 驱动的业务提效在 30％到 1 000％之间，突出业务场景提效十倍以上。

一、人工智能的营销应用

1. 基于机器学习的人工智能决策平台

机器学习（machine learning）是一门涉及统计学、系统辨识、逼近理论、神经网络、优化理论、计算机科学、脑科学等诸多领域的交叉学科。研究计算机怎样模拟或实现人类的学习行为，以获取新的知识或技能，重新组织已有的知识结构，使之不断改善自身的性能，是人工智能技术的核心。[1]

---

[1] 中国电子技术标准化研究院. 人工智能标准化白皮书（2018 版），2018.

已经有一些营销机构在人工智能营销决策方面取得进展，比如品友互动设计了一个基于机器学习和大数据处理技术的营销决策产品 MIP（marketing intelligence platform），能够从产品定位、消费者洞察以及媒介计划等环节帮助企业进行决策预判。美国 Infinite Analytics 公司在这方面也取得了令人瞩目的成果，其开发的两套机器学习系统一个用来预测消费者会不会点击某则广告，为一家全球消费性包装产品公司改善了线上广告的投放效果，将广告的投资回报率提高了 300%，另一个用来改善巴西一家线上零售商的顾客搜寻与发现过程，使得这家零售商的年营业收入增加 1.25 亿美元。

2. 自动化创作内容更接近人类智慧

一款名为"Automated Insights"的人工智能写作系统在美国许多企业中应用，它通过一种可将数据变为符合人类阅读习惯的文本的"自然语言生成"技术，自动收集与主题相关的信息，从中筛选有价值的部分，形成可阅读的文案。尽管这些内容在文法上仍显晦涩，但包含了阅读者所需的各类信息、数据，有些甚至具有连贯的上下文关系。由此可见，这一技术可提高营销人员的文案写作效率。人工智能在消费者信息学习的基础上，针对消费者的个人需求撰写与其相关、投其所好的内容，比起千篇一律、大水漫灌式的传统营销，这种营销显然会得到更积极的反馈。[①]

人工智能的创作能力来自对海量数据的深度学习。IBM 旗下的人工智能机器人沃森（Watson）具备理解、推理和学习能力，能够通过分析、

---

① 聂双. 人工智能：给市场营销一个新时代. 中国对外贸易，2017（6）.

对比、归纳、总结以及交互式学习不断取得进步。沃森在 2016 年制作了电影《摩根》（Morgan）的预告片，它是怎么做到的？首先，沃森要了解电影预告片中需要体现的关键词，通过大量学习预告片的呈现方式、音乐搭配等知识，存储一定的相关数据。然后，"观看"《摩根》，调取已掌握的电影预告片剪辑知识，选择符合要求的电影片段。最终，由工作人员进行拼接和精剪工作。

3. 知识图谱让场景触达更精准①

知识图谱（knowledge graph）本质上是结构化的语义知识库，其基本组成单位是"实体-关系-实体"三元组，不同实体通过关系相互联结，构成网状的知识结构。知识图谱对人工智能的重要价值在于知识是人工智能的基石。机器可以模仿人类的视觉、听觉等感知能力，这种感知能力不是人类的专利，动物也有感知能力，甚至它们的某些感知能力比人类更强，比如狗的嗅觉。认知语言是人类区别于其他动物的能力，而知识对于人工智能的价值就在于可使机器具备认知能力。

我们几乎每天都会接收到各种各样的推荐信息，从新闻、购物到餐饮、娱乐。个性化推荐系统作为一种信息过滤的重要手段，可以依据人们的习惯和爱好向其推荐合适的产品或服务。但传统的推荐系统容易出现数据稀疏性和冷启动②问题，将知识图谱作为辅助信息引入推荐系统可以有效地解决这些问题。美国 Outbrain 公司借助人工智能，将制作好的内容推送给挑选出来的更有可能阅读的网民，这极大地减轻了营销人员从海量

---

① 2016 腾讯智慧峰会：人工智能营销的下一个拐点. 公关世界，2016（19）.
② 在没有大量用户数据的情况下设计个性化推荐系统，并且让用户对推荐结果满意，从而愿意使用推荐系统，涉及冷启动问题。

信息中挑选被推荐者的工作，并且能够保证公司希望传达的信息以较高的概率被目标受众阅读。这一案例展示了既有信息的智能推送，但实际上，内容推荐功能的最大价值是自动推送公司计划外甚至是根本"不知道"的有益内容。在这方面，IBM 的沃森是资深推荐大师。运动品牌安德玛（Under Armour）和 IBM 合作，共同开发了一款可根据周边相似用户数据，为使用者提供个性化健康建议的应用软件。[1]

4. 自然语言处理让场景互动性更强

自然语言处理（natural language processing，NLP）是人工智能领域的一个重要研究方向，它研究能实现人与计算机之间用自然语言进行有效通信的理论和方法，主要包括三个方面：语音识别、自然语言理解与语音合成。正如哥德巴赫猜想是数论皇冠上的明珠，微软创始人比尔·盖茨曾说，"自然语言理解是人工智能领域皇冠上的明珠"。

自然语言处理技术的应用可以大大提高营销的互动性。例如，在《星球奇境》宇宙特展上，饿了么推出语音点餐系统，依托智能语音设备，通过语音交互的方式实现点餐流程，最大限度地节省点餐的时间。从唤醒系统、说出意图、选购商品、确认订单到确认支付，基于语音点餐系统，点餐流程最短需五步即可完成。对于经常面临选择困难的消费者而言，该系统根据用户意图做出的智能推荐能协助他们快速做出决策。整个点餐系统的工作流程是：首先，基于语音识别技术，将用户模糊的自然语言转化成精准的订餐指令；然后，根据订餐指令，为用户匹配相应的选购渠道，如再来一单、随便来一单、搜索等；最后，根据相应的策略为用户推荐合适

---

[1] 聂双. 人工智能：给市场营销一个新时代. 中国对外贸易，2017（6）.

的餐厅和美食。① 这改变了点餐的传统方式，这种语音方式让消费者的参与和互动更加人性化。

5. 深度学习让媒介管理更智能

人工智能深度学习用户数据，再经由程序化投放路径进行触达，实现从人工向自动化媒介管理的转变，让程序化广告向跨终端、跨平台、可跟踪历史足迹、用户分析、相似人群追投和瞬间兴趣投放转变。

在媒介购买方面，人工智能被认为有很光明的发展前景，因为人工智能能够自动实时分析多个数据来源。Chatbot 科技公司的首席执行官卡罗琳·克拉特（Caroline Klatt）说："人工智能使广告支出决策更简单、更高效、更划算。"

Salesforce 的一项研究显示，60％的营销者相信人工智能将在未来五年内对他们的业务程序化和媒介购买产生"实质性或转型性"的影响。他们相信，在媒体投放市场上，人工智能可以提升定向及个性化的能力。另外，人工智能正在撼动媒介代理机构的地位，驱动销售增长。汽车品牌大众和内衣品牌 Cosabella 等都发现人工智能要比其媒介代理机构更加有效率。

6. 人工智能使营销工作流程自动化

人工智能使营销工作流程自动化，使一些耗时的步骤（如数据集成和算法优化等）变得更简单，营销团队可以更加专注于战略思考与制定。市场营销自动化平台 Emarsys 委托研究公司 Forrester 对 717 名营销人员进

---

① 饿了么推语音点餐系统 提升用户订餐体验．（2017 - 09 - 30）．http：//www.chinanews.com/business/2017/09-30/8344774.shtml.

行调查,发现:79%的受访者认为人工智能将允许营销人员转向更具战略意义的工作。

从以上几个方面可以看出,人工智能在营销上正在成为一种工具性的技术力量,会渗透到营销工作的方方面面,不仅会使营销机构本身的工作更加高效,也会使营销效果最大化。这便是正在发生的人工智能营销革命。

二、人工智能营销研究现状

随着人工智能在营销领域的应用日益广泛,相关研究与探讨也随之展开。维伦嘉(Wierenga,2010)指出,早在1990年前后,人工智能技术就在营销领域有一定的发展和应用,当时主要是专家系统的发展。专家系统主要应用于四个方面:找到最合适的促销方式,推荐最有效的广告执行方式,筛选新产品,以及自动翻译数据报告。他认为,人工智能技术可以帮助营销人员获得更多的消费者互动信息,对基于消费者互动信息的市场细分与基于传统人口统计的市场细分进行比较,最大限度地获取更多的有用信息,以预测消费者行为。[1] 福里斯特(Forrest,2014)指出,除了能够预测消费者行为趋势和分析消费者媒体消费模式,新兴的人工智能技术甚至有能力通过对消费者在社交媒体网站上使用的语言进行分析来分辨消费者的个性,并预测消费者生活中可能发生的重大事件。他还提出,人工智能技术在未来将与消费者沟通、互动,甚至帮助消费者做

---

[1] Wierenga B. Marketing and artificial intelligence: great opportunities, reluctant partners // Marketing intelligent systems using soft computing. Berlin: Springer-Verlag, 2010: 1-8.

出复杂的购买决策。[1] 拉姆（Lamm，2018）探讨了人工智能在品牌营销中的作用，认为人工智能有助于品牌与消费者沟通时保持一致性，可以基于消费者的个人信息创建与消费者进行个性化沟通的界面。[2] 罗森伯格（Rosenberg，2018）认为，人工智能可以让营销变得更智慧、高效率，更利于消费者，并最终获得更好的营销效果。[3] 基茨曼、帕申和特里恩（Kietzmann，Paschen，and Treen，2018）从问题识别、信息收集、备选评价、购买决策以及购后评估等消费者购买决策过程的五个阶段入手，论述了如何运用视觉识别、语音识别和机器学习等人工智能技术更好地洞察消费者。[4] 列帕瓦（Ljepava，2022）在文献回顾的基础上，发现人工智能在整个营销过程中都有应用，这个过程包括消费者分析、战略制定、战术实施、客户关系管理、客户价值创造等五个阶段，并指出在第一和第三阶段的应用是最为广泛的。[5]

国内的人工智能营销研究虽然起步较晚，但厚积薄发、发展迅速。李光斗（2016）认为人工智能与营销的结合是营销的第三次迭代和升级，人工智能时代的营销比拼的是谁更能读懂用户的心，为用户提供即时、个性化的反馈和解决方案。[6] 丁道师（2016）以百度为例，指出人工智能为品

---

[1] Forrest E, Hoanca B. Artificial intelligence: marketing implications & applications. Alaska Business Monthly, 2014.
[2] Lamm B. AI: the new battleground for brand marketing. Adweek, 2018 (1): 9-10.
[3] Rosenberg D. How marketers can start integrating AI in their work. Harvard Business Review Digital Articles, 2018 (5): 2-5.
[4] Kietzmann J, Paschen J, Treen E. Artificial intelligence in advertising. Journal of Advertising Research, 2018 (3): 263-267.
[5] Ljepava N. AI-enabled marketing solutions in marketing decision making: AI application in different stages of marketing process. TEM Journal, 2022, 11 (3): 1308-1315.
[6] 李光斗. 人工智能让营销更聪明. 人民政协报, 2016-09-06.

牌带来新的营销价值，同时人工智能在场景营销中的应用能够提升用户价值。[1] 栗建（2017）认为，人工智能将解决始终困扰营销的"相关性""即时性""个性化"等问题。[2] 丁俊杰（2018）指出人工智能对于营销而言是一个"新物种"，并从广告主、营销服务机构、营销流程与模式三个方面论述了人工智能给营销带来的变革。[3] 朱国玮等（2021）在文献回顾的基础上总结归纳了人工智能在企业用户洞察、内容管理、交互投放、监测评估中的应用，并进一步梳理了用户对人工智能营销过程中数据收集、投放推荐、人机交互的心理与行为反应。[4] 2022年由艾瑞咨询发布的《中国人工智能产业研究报告（Ⅴ）》中指出，AI已经成为企业数字化、智能化改革的重要抓手，AI技术在场景创新、商业产品价值创造、精细化服务等方面不断深耕，AI应用的商业落地对企业的价值与战略意义越来越重要。[5]

综上所述，目前对人工智能营销的研究正处于蓬勃发展阶段，主要集中在人工智能对营销行业发展的重要性探讨以及行业研究报告上。接下来，我们将对相关内容做全面、系统和深入的探讨。

第2节 人工智能的营销价值

人工智能正在深刻改变营销的方方面面，从消费者研究的视角来看，人工智能主要有以下几个重要价值。

---

[1] 丁道师. 百度为什么能玩转智能营销. 金融经济，2016（17）.
[2] 栗建. AI营销：营销的终极武器降临. IT经理世界，2017（11）.
[3] 丁俊杰. 智能营销，新物种. 中国广告，2018（11）.
[4] 朱国玮，高文丽，刘佳惠等. 人工智能营销：研究述评与展望. 外国经济与管理，2021（7）.
[5] 艾瑞咨询. 中国人工智能产业研究报告（Ⅴ）. 艾瑞咨询系列研究报告，2022.

一、全方位、立体式地洞察消费者

我们正身处物质文化极大丰富的时代,尤其是伴随着互联网技术文明的发展,各种网络文化喷涌而出,亚文化逐渐兴起,如二次元文化、街头文化、军迷文化、朋克文化、电竞文化、"鬼畜"文化、超级英雄文化、冷兵器文化、架空文化、古风文化、斗图文化等,这些亚文化的印记深深地烙在了年轻一代消费者的身上。

由于所获信息的极大充裕,消费者的视野更加开阔,消费者呈现多样化,在这种情况下,以往划分的各消费者群体进一步分化,越来越细化,需要通过大量标签进行定义,从而在各群体间形成了一种错综复杂的网状关系。这种网状关系是动态的,在不同的场景中表现出不同的消费者行为特征。对于营销者而言,认清并回答"消费者是谁"这一问题和洞察消费者的真正需求越来越重要。

通过传统方式洞察消费者所形成的消费者画像较为粗犷且流于表面,而人工智能就像"读心术",能分析消费者的行为特征、真实状态和精神内核,从而完成对消费者的立体洞察。人工智能正在改变营销者深度获取消费者信息的方式,这样营销者就可以为消费者提供更多与之关联的内容。通过了解社交档案、活动、天气和行为之类的信息,人工智能能够帮助营销者在更细微的层面了解消费者需求。消费者需求是动态的而非静态的,这就需要有洞察力的机器考虑这些动态因素,并把它们纳入营销计划。人工智能经历了从理解、推理、学习到提出见解的过程,而且可以在学习过程中涵盖更多的信息,所以营销策略更加个性化。例如,IBM 的沃森就有一个语气分析器(tone analyzer),可以理解自然语言,并且可以一直学习。营销者可以利用这个系统进行推理，进而调整为消费者提供的产品或服务。以癌症病人为例，通过语气分析器，沃森可以更好地评估病人对不同治疗方案的反应，为病人定制合适的方案，让病人更好地遵从医嘱。这方面的潜力无可限量。

二、信息精准、个性化地触达消费者

我们身处信息大爆炸的时代，消费者获取信息的渠道复杂多样，他们接触媒介的时间变得碎片化甚至是粉尘化。消费者在各种屏幕之间快速切换，直播、短视频等传播形式不断涌现，内容数量激增，时空入口无限分散，触达目标消费者越来越难。而且，每天都有大量新闻热点事件出现，微博热搜每分钟更新一次，百度实时热点每小时更新一次，热点快速切换，知识产权的生命周期越来越短。在这样的媒介环境中，消费者大多没有主动寻找信息、学习认知的意愿，他们与信息的接触形式呈现出一种典型的浅状态：浅阅读、浅尝试、浅接收、浅分享等。

这意味着只有让消费者在适当的时间、适当的地点看到符合场景需要的信息，才能够成功抢占消费者的注意力资源。因此，媒介环境的变化要求营销向多维度发展。传统的营销是一种一维营销，在一定的时间内向所有人投放；后来兴起的社会化媒体营销和搜索引擎营销则是二维营销，即考虑了时间和空间两个维度，在一定时间内按一定的细分人群进行投放；移动媒体的发展使营销信息按照时间、位置和细分人群三个维度进行适当的推送成为可能；而人工智能实现的则是时间、空间、人群、情感场景四维的组合，它分析目标人群的调性，进行情感沟通和场景适配，做到了千人千面，既精准又个性化。[①] 个性化体现在人工智能对海量数据的深度学习，可以跟踪并全面分析消费者行为，继而成为最了解消费者的营销助手，为营销人员提供最适合消费者的个性化营销建议。在对消费者实施营销策略之后，人工智能还能实时跟踪反馈情况，及时提供最合适的营销调整方案。

三、互动引发消费者心流体验

人工智能营销本身的优势在于其技术力量，它能够对大数据进行深度学习，从而达到智能化目标。如今，苹果、微软、谷歌、百度等巨头都开发出自己的人工智能助手。比如，百度机器人"小度"（又叫"度秘"）是对话式人工智能系统。它可以进行语音识别、机器学习和自然语言处理。用户可以使用文字、图片或者语音与百度机器人交流沟通。通过百度的智能交互以及搜索技术，百度机器人可以理解用户的需求，从而把用户需要的信息反馈给他们。

营销传播方面，人工智能与虚拟现实（VR）技术相结合，通过互动感和沉浸感吸引消费者眼球。2016年，VR看房平台"无忧我房"推出人工智能销售——Hugo。消费者戴上VR设备，通过操作手柄唤醒人工智能并向其提问，人工智能通过记录消费者的相关数据（包括在房屋不同位置停留的时间、语音语调等）形成客户分析表，分析客户购房意向和实力，并对客户进行分级。Hugo通过将人工智能与VR相结合，为购房者提供更好的购房体验，并推动房地产行业进入科技营销时代。

[①] 中国传媒大学广告学院和国家广告研究院. 2017新营销白皮书：互联网下半场营销变革与趋势研究. 2017.

IBM 的沃森在理解、推理、学习和交互等四方面有突出的表现。基于这四个方面的能力，IBM 与 The North Face 联合推出了 XPS 智能荐购系统。与传统网购体验不同的是，消费者无须导航，可直接跳过搜索这个环节。只要借助基于这个系统的网购助手，告诉沃森要去哪里旅游、什么时候去、用途是什么，沃森就能在不到 2 分钟的时间内为消费者淘到最合适的户外装备。整个过程像去实体店与导购沟通一样顺畅，不同的是这个过程更为精准和高效，大大优化了消费者的网购体验。

四、消费者反馈管理自动化

　　人工智能驱动的情感分析能够帮助营销者更好地响应消费者。例如，某消费者在社交媒体上发布了一张产品照片和一些负面评价，但并没有写明品牌名。这时，人工智能驱动的情感分析不仅能识别出这个产品，还能对消费者的不满意程度做出等级评估，分析其对品牌的影响，并通过反馈机制将其反馈给企业的公关团队，由此启动补救措施来改变消费者的态度和评价。

　　在社交媒体时代，拥有自动感知与响应消费者能力的企业在竞争中更具优势。美国一些企业正将人工智能纳入对消费者评价的监控系统，这为营销者了解消费者情绪和快速识别潜在问题提供了解决方案。一些新的解决方法将触发警报并自动响应消费者的问题。[①]

　　此外，人工智能驱动的情感分析还能使机器人客服具有更高的情商，更善解人意，从而给消费者带来更好的体验。例如，2018 年京东人工智

---

　　① Zhou C. How artificial intelligence can help transform customer engagement and sales. CRM Magazine，2018（2）：10.

能平台 NeuHub 正式上线情感分析 API[①]，京东智能机器人 JIMI 也再次升级，不仅可以精准识别生气、喜悦、失望、着急等多种人类细分情感，还能在回复中蕴含相应情感，让互动更有温度（见图 2-1）。

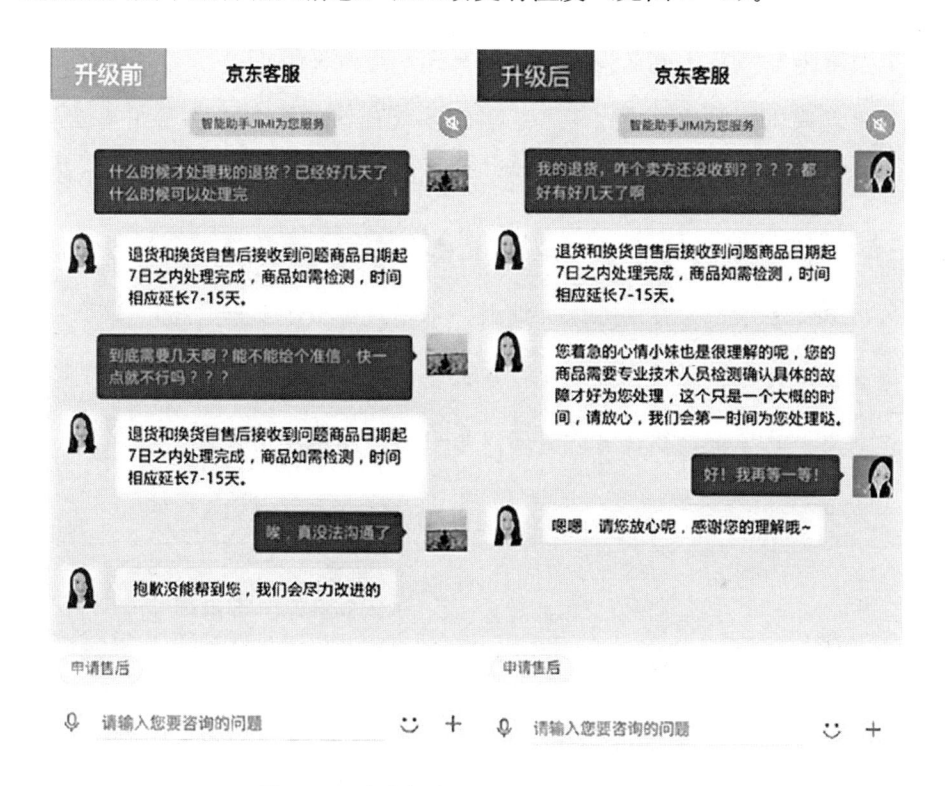

图 2-1　京东智能机器人升级前后的表现

例 2-1　小米：标签结合算法可以碰撞出什么火花

标签结合算法是目前人工智能营销的标配，它是如何实现的？

---

① API 是 Application programming interface 的首字母缩写，即应用程序编程接口。

基于大数据在营销过程中积累的品牌或商品标签、用户标签和渠道标签等是精准营销的核心要素，在此基础上结合深度学习、自然语言处理等领域的多种算法可帮助企业形成前端营销应用工具，如渠道分发策略、物料生产策略和创意生成策略等，从而实现营销的智慧化。

小米依托强大的硬件销量和 MIUI 等软件系统积累了海量用户数据，并且数据的厚度、维度和精度也有较为深厚的积累，目标是实现数据的"全生态、多样性"（见表2-1）。正是基于这些海量数据，小米建立了多维的用户标签体系。其中不仅有性别、年龄、机型等基础数据，还有手机端影音娱乐数据、家庭电视端收视数据等，通过标签和算法，小米可以精准识别用户的场景，在适当的时间以恰当的内容触动消费者。

表2-1 小米用户数据来源

硬件	小米手机（2亿用户）					电视机+机顶盒（1500万用户）	小米路由器（600万用户）	小米手环+其他设备（1200万用户）
软件服务	MIUI+云平台					MiTV	MiWiFi	MiPush
数据类型	App使用	搜索数据	消费数据	社交数据	影音娱乐数据	个人信息	视频+搜索+购物	家庭场景	生活周边
数据来源	MIUI	浏览器	小米商城	米聊	游戏音视频	账号	MiTV系统	MiWiFi监控系统	小米运动+智能家庭
		应用商店	小米之家	论坛	直播	通信记录			

资料来源：中国传媒大学广告学院和国家广告研究院. 新营销白皮书：互联网下半场营销变革与趋势研究. 2017.

小米的人工智能一直在关注和学习"米粉"（即小米的粉丝群体）的生活习惯，尝试在恰当的时机给用户推荐合适的服务。比如，中午下雨了，这个时候用户不方便出行，小米的人工智能会提醒："中午下雨了，要不要订一个外卖？"然后推荐美团外卖的服务；晚上，"米粉"还在加班，它就提醒他们："夜深了，要不要打车回家呀？"同时推荐滴滴打车的服务。这样的广告推送无疑更加个性化，更加精准，同时非常贴心，更容易打动消费者。

> **讨论题**
>
> 1. 你觉得用哪些标签可以定义你自己？
> 2. 一个完备的标签体系应该包含哪些部分？
> 3. 小米在营销中用标签结合算法碰撞出了什么火花？

例 2-2　科大讯飞：用语音识别技术优化广告体验

科大讯飞的讯飞开放平台作为开放的智能交互技术服务平台，致力于为开发者提供一站式智能人机交互解决方案。目前，讯飞开放平台已覆盖 11 亿终端，拥有超过 17 万家合作伙伴。

1. 海量数据让精准与个性化成为可能

讯飞广告平台构建了一套完备的数据管理平台（DMP）系统，已覆盖 7 亿有效用户的信息，包含 1 700 多个用户标签。在挖掘分析海量数据能力上，讯飞的 DMP 每天从全国各地秒级延迟收集 500 亿条信息（100TB），支持多业务场景复合运算以及全数据量 10 遍的计算处理。依托人工智能技术和数据处理能力，讯飞 DMP 能够帮助用户全面分析受众人群，提升广告投放目标的精准度，优化用户广告体验，实现投资回报最大化。①

2. 语音识别让创意互动成为现实

移动广告投放不仅要精准，还要依靠创意吸引用户。以观看视频为例，用户通常要等待几十秒的广告时间，要想跳过广告就要交会员费，这些都是用户的痛点所在。

广告运用人工智能技术会产生很多意想不到的创意。讯飞广告平台在广告中引入语音识别技术，引导用户回答问题或完成相应动作，用户正确完成后就可跳过广告，直接观看精彩视频。比如，用户观看可口可乐的视频广告时，会产生以下互动（见图2-2）：

"这是什么广告？"

"可口可乐。"

"答对了，可口可乐为您跳过广告。"

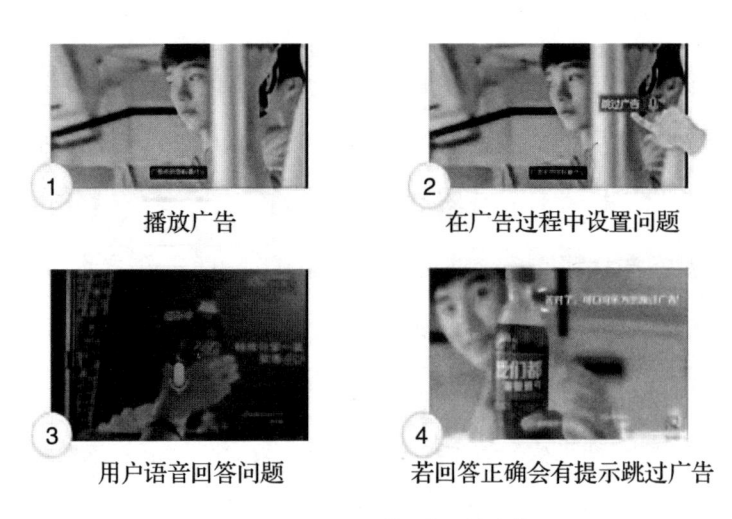

① 播放广告
② 在广告过程中设置问题
③ 用户语音回答问题
④ 若回答正确会有提示跳过广告

图2-2 可口可乐语音互动广告

---

① 于继栋. 讯飞广告：人工智能改变数字营销. 声屏世界·广告人，2016（10）.

值得一提的是,科大讯飞语音识别的准确率达 98%。这样的交互不仅可以快速拉近品牌与用户的关系,也是收集消费者数据的一种过程,可以帮助广告主更加了解用户。比如,语音互动广告可以通过与人工智能交互的用户语音,提取用户的生物特征,如分辨用户性别和年龄区间,从而推送适合用户的商品信息,实现广告的精准投放。

> **讨论题**
>
> 1. 语音互动广告能减少受众对广告的反感吗?
> 2. 依托语音识别技术,广告可以有什么样的互动创意?
> 3. 在广告创意方面,人工智能能提供哪些技术支持?

第 3 章

人工智能与消费者

引例　人工智能洞察95后流行趋势[①]

中国拥有世界上规模最庞大的互联网用户，其海量数据超越美国等。随着人工智能技术日益成熟，BAT[②]拥有的数据价值将是巨大的。如今，腾讯利用庞大的数据，通过人工智能技术洞察95后流行趋势，揭开95后的"好色"之谜。"AI+时尚"的一次跨界创新让人工智能和时尚产生碰撞，为创作者提供了更多的灵感和可能性。

唯品会、腾讯QQ空间及优图人工智能联合发布了《AI+时尚：中国95后流行色报告》，该报告还原了95后最真实的穿衣色彩偏好和消费习惯。在QQ空间及优图人工智能统计出来的95后偏好的颜色中，排名第一的颜色值为：22，20，24。该颜色值名为"95度黑"，代表了95后的流行色。

QQ空间是95后最主要的社交平台之一，95后日上传照片峰值为6.5亿张，空间照片总数超过2万亿张。腾讯旗下的人工智能团队"腾讯优图"借助人脸识别与图像处理技术，分析了2016年QQ空间相册中的千亿张公开照片，破译了95后的流行密码。腾讯优图利用QQ空间公开的照片数据，从中抽取人像类照片，通过人脸检测与分析准确判断人物年龄区间，锁定95后人群，利用人工智能算法将人体和衣服从背

[①] 人工智能洞察流行趋势？AI+时尚开创跨界创新．（2017-02-17）．https://baijiahao.baidu.com/s?id=1559571493233475&wfr=spider&for=pc．

[②] BAT是百度、阿里巴巴和腾讯三家互联网巨头的简称。

景中分离，检测服装颜色，针对颜色进行分类统计，并利用唯品会销售大数据进行印证，从中判断中国年轻人的流行色。腾讯不仅发布了关于95后的时尚报告，还邀请中国著名时装设计师张驰将95后流行趋势作为灵感设计服装，这些服装登上纽约时装周，向世界展示了中国95后的时尚态度。

第1节 情感分析洞察消费心理

2018年10月，电通安吉斯集团发布《实战AI：技术赋能创新营销新时代》白皮书，分析人工智能技术在中国营销界的应用现状以及营销从业人员对技术所带来变革的态度。调查发现，86％的受访者相信人工智能将在未来的两年内给他们所处的行业带来影响，78％的人相信人工智能有能力提供更深刻的消费者洞察。

的确，在注意力分散、地域壁垒消失、信息透明度极高的移动互联网时代，找准消费者需求痛点十分必要。互联网的发展让人们拥有了海量的数据，也助推了大数据技术的开发和应用，人们得以全方位分析和了解消费者的特征与偏好，其中人工智能显示出强大的能量。智能算法比人类更懂消费者，比如当消费者靠近门店时，智能系统可以通过识别与分析消费者的信息，洞察消费者可能的需求，变身智能小助手为消费者提供各类优惠促销信息。

Activa公司据说拥有世界上最大的面部情感资料库，存储了约200万张面孔的信息。基于对这些面孔的情感分析，人们可以做很多事情。比如，对司机和乘客进行情感识别，即建立多模态的客舱感知人工智能，从面部和声音识别司机和乘客的微妙情绪，实现对司机的疲劳驾驶和有不法之心的乘客的监视。再如，对消费者进行情感识别，即通过对顾客进行面部编码和情感分析，广告商可以了解消费者对广告的态度，从而改进宣传方式，提升营销效果。在 2018 年的"超级碗"广告中，广告投放方使用了先进的测试手段来识别与观众相关的情感。其利用 affectiva 面部编码跟踪发现，百威咄咄逼人的广告词并不适合观众，因为在广告的整个播放过程中，观众表现出了厌恶的情绪。

第 2 节　智能服务提升消费体验

人工智能具备深度学习与自我更新的能力，不断优化用户数据的收集和处理方式，从而更加贴合消费者需求，成为企业促进二次消费与提升消费者忠诚度的重要工具。消费者的生活由一个个场景构成，利用人工智能技术，相关方可以更深层地理解人们生活中的各种场景。当用户打开电脑、手机等终端的时候，会产生交互信息，这些信息以数据的形式被记录下来，人工智能通过学习用户的这些行为数据，进一步理解用户，为他们带来不同以往的全新体验，从而使他们获得更多的满足感。

苹果通过持续更新其自主开发的智能 Siri，显著提升了用户的日常使用频率与体验。比如，通过与智能家居平台 HomeKit 整合，用户可以使用 iPhone、iPad 或 iPod Touch 的 Siri 发出指令，通过 HomeKit 内置的门锁、灯、恒温器、网络等相关功能，调节灯光亮度、电源开关和室内温度等。同类的人工智能还有小米的小爱音箱和阿里巴巴的天猫精灵，这些都是在人工智能交互设备领域的尝试。

此外，人工智能可以为企业带来极具个性化的体验营销方案。比如，2022年雅诗兰黛为打造品牌特色，借助百度开创虚拟试妆智能服务入口。用户只需点开百度App首页扫一扫，选择"人脸"类别中的"虚拟试妆"功能，系统会根据用户的面部特征识别出最佳的上妆方案。在试妆的同时，用户可以快速地了解雅诗兰黛各产品的特色，满足对妆容的需要。并且在雅诗兰黛品牌专区在线试妆入口，可以获得虚拟试妆的体验。雅诗兰黛借助百度AI技术，实现了颗粒度更细的原始特征采集，呈现更加细腻的面部妆容效果，通过对面部数据的收集，妆容还可以紧随面部移动，让用户通过不同视角观察妆效，获得高度贴近真实的体验效果。以往用户需要"做功课"才能了解适合自己的妆容产品。如今，通过AI面部识别，可以快速地了解产品在脸上的妆效。这次AI试妆的总互动超过50万次，人均每次互动产生的点击量高达22次，使得大量的美妆消费者体验到了高度拟真的试妆效果，轻松做出消费决策。

2021年疫情期间，全国首个AI社区食堂在上海投入使用。这家食堂最大的特色在于运用熟练制餐机械臂提供饭菜，从制作到出餐只需要2分钟，并且采用了自动识价结算系统，整个过程省时省力，优化了就餐体验。不同于传统外卖餐饮的是，这些配餐设备都拥有人工智能分析和运算能力，研究人员还将这些设备改造为可进行食材搬运与打包的"厨师"，做到了彻底无人化。这家AI社区食堂以AI+物联网技术为核心，赋能传统中餐后厨，并以智能化终端设施为基础，立足于数字产业化，摸索出了一套属于社区餐饮的新模式。[1] 毋庸置疑，AI社区食堂为消费者提供了

---

[1] 实现完全无人化的物联网智能餐饮 没有烟火气的AI食堂走进社区．(2021-08-24)．https://www.xinhuanet.com/tech/20210824/51b3b1a45812482dab7a7cd50c20d808/c.html．

高科技的全新体验，但这并不意味着一对一富有人情味的个性化服务会被机器人替代，有温度的人和冰冷的机器人并不矛盾，可以同时存在，未来机器人的设计会越来越有温度。只有科技和人文高度融合，才能真正体现"智慧"。

第3节　精准触达满足消费需求

处在不同场景的消费者需求会根据消费环境的转换发生变化，在变化的环境中进行精准的场景营销是抓住消费者的关键。场景营销伴随移动互联网的发展出现，简单来说就是针对消费者具体现实场景中的心理和行为状态进行营销，它能更精准有效地满足消费者的即时需求。未来每个人都会有自己的专属智能小助手，如百度的度秘、微软的小娜，人工智能将更加灵活地洞察消费者需求，通过对消费者生活习惯的长期追踪，成为最了解消费者的"人"，在特定消费场景为消费者挑选最合适的产品和服务，给消费者最贴心的推荐，让他们不需在海量信息中自行寻找，在节省信息搜索成本的同时，最大限度地满足消费者需求。

一、基于场景推送广告信息

场景营销实际上就是在恰当的时间、恰当的地点为恰当的人提供恰当的内容。准确对应人群、需求和场景是人工智能技术在场景营销中应用的最佳效果。例如，人们在手机端看短视频时，广告怎么能在恰当时机有最好的展现？这需要针对视频情境进行识别，通过人工智能技术将视频数据结构化，快速精准地识别视频内容中的明星、品牌、物体和对话等，并结合视频标签数据库，建立广告与情境之间的联系，进而选择与之对应的视频广告投放节点和内容，为受众提供观看广告的最佳体验。

比如，当人工智能识别出《速度与激情》中范·迪塞尔的背心以后，可推送一个电商广告——"范·迪塞尔同款背心"；《疯狂的石头》中有这么一个桥段，黄渤饰演的角色和他的同伙在谈论饮料中奖，当识别出他们在讨论可口可乐饮料中奖的场景时，人工智能可以推送一个"可口可乐开罐赢大奖"活动（见图3-1）。这种基于场景的广告观看体验是受众从前无法想象的。

识别视频中范·迪塞尔的背心，推送购买链接　　识别可口可乐中奖信息，推送赢奖活动动

图3-1　在特定画面或语音出现时推送相应广告

二、人脸识别匹配最佳广告

人工智能技术的应用改变了广告投放的方式。人脸识别技术可以让广告投放因人而异，真正做到千人千面。例如，可在数字广告牌上安装摄像装置，利用人脸识别技术，采集广告展示区域的人群数量以及用户性别、年龄、面部表情及在广告前停留的时长，在对这些数据进行分析的基础上选择匹配度最高的广告进行展示，实现有针对性的精准投放；同时，可把收集到的数据信息作为衡量广告投放效果的依据，从而合理选择广告投放

的人群和区域。

全球零售巨头 TESCO 曾在英国 450 家加油站便利店的广告屏上加入名为 OptimEyes 的人脸识别技术，摄像头能自动识别人的特征，从而判断并选择最佳的广告进行投放（见图 3-2）。零售商大多会根据顾客群、时间、地点的变化选择播放不同的广告。比如，在早高峰时段，便利店认为播放红牛广告的效果最好，不过如果这时 OptimEyes 感知到队伍中有女顾客，屏幕可切换至女性杂志广告。假如你是一名 50 岁左右的女性，某天在 TESCO 收银台结账时，旁边的屏幕开始播放一个护肤品短片，这个广告片很可能是为你而播放的。实际上，这块屏幕通过对你的脸部扫描，辨识出你的头发长短、面部特征，从而判断出你的年龄和性别。根据这些信息，零售商认为某款新推出的皮肤保养品对你最有吸引力。

图 3-2 零售巨头 TESCO 部署人脸识别广告

沃尔格林（Walgreens）是美国最大的连锁药店。截至 2021 年秋季，芝加哥地区 750 家沃尔格林药店的冷柜门都拥有面部识别广告的功能。该公司利用药店内的冰箱作为投放广告的工具，在冰箱上嵌入传感器和摄像头，并通过显示屏为用户投放定制广告。投放广告的运作机制实际上就是通过识别用户的面部来实时改变广告，做到用户细分。除此之外，定制广告还会收集用户周围的环境因素，例如这个区域内的天气是晴天还是下雨，甚至可以了解用户看到广告内容引起的情绪反应等来改变广告的内容。

三、智能解读迎合消费偏好

人工智能可以从海量、庞杂、无序的数据中提取出对企业营销真正有价值的信息。移动互联网时代带来的碎片化让营销人员应接不暇，数据的丰富度和覆盖面远远超出人力处理的范围，在呈指数增长的排列组合中合理搭配"产品类型、消费者属性、媒体形式、营销内容"渐渐变成一个不可能完成的任务。人工智能的应用则可以帮助企业更好地了解消费者群体，完成人力所不能完成的任务。

当今日头条创始人张一鸣刚开始将人工智能作为新闻推荐的方向时，大多数风投拒绝投资，在不被看好的情况下，张一鸣仍坚持使用智能化精准推送，让每个用户接收到不一样的新闻列表。其效果是今日头条迅速成长，目前市场份额已经远超新浪新闻和腾讯新闻。今日头条能够快速占领市场、改变大众新闻阅读习惯，正是基于人工智能技术对用户喜好的精准把握，这可以提高新闻信息的推送效率，并利用深度学习不断完善商业模式以实现收益最大化。

四、机器学习解决消费痛点

机器学习专门研究计算机怎样模拟或实现人类的学习行为，以获取新的知识或技能，重新组织已有的知识结构，使之不断改善自身的性能。机器学习基于对历史数据的归纳，构建出事件模型，并将合适的新数据输入相应的模型，以预测未来，因此，机器学习技术在营销中得到了广泛的应用。① 比如，为了通过不断测量和学习用户习惯的舒适温度来对室温进行动态调整，智能温控器 Nest 内部装有六个传感器，能够不间断地对温度、湿度、环境光以及设备周边进行实时监控与测量（见图 3-3）。它能够判断房间中是否有人，以此决定是否需要关闭调温设备。依托机器学习算法，Nest 可以通过自我学习来控制温度。使用这款温控器的第一周，用户可以根据自己的喜好自行调节室内温度，此时它会记录并学习用户的使用习惯。此外，Nest 还能通过 WiFi 和相关应用程序与室外的实时温度同步，内置的湿度传感器可让空调和新风系统提供当前室内的最适宜气流，使居室更加舒适。当用户外出时，Nest 的动作传感器会通知处理器激活外出模式，解决消费者的后顾之忧。

图 3-3　Nest 智能温控器

---

① 艾瑞和讯飞 AI 营销云. 中国 AI＋营销应用落地研究报告. 艾瑞咨询系列研究报告，2018(8).

例 3-1　星巴克利用人工智能提升顾客体验和运营效率

近年来，随着人工智能技术的日益成熟，星巴克也紧跟时代步伐，积极引入先进技术，以优化顾客体验并提升服务品质。通过运用人工智能，星巴克得以更深入地了解顾客需求，提供更为精准的服务，从而在激烈的市场竞争中保持领先地位。

在个性化服务方面，星巴克运用人工智能算法深入分析每一位顾客的资料，其中包括他们的购买历史和口味偏好，通过这些精细的数据，星巴克能够精准地为顾客提供他们喜爱的饮品和食品。这项技术的强大之处更在于能够帮助那些未曾尝试过星巴克的顾客，推荐适合他们口味的餐点和饮品。而且，这种推荐能随着天气、假期和地点的变化而更新，确保每位顾客都能享受定制化的服务。星巴克还开发了自己的人工智能引擎"深焙"（Deep Brew）。深焙会推荐商品或特惠，例如你过去只点热咖啡，深焙可能推荐冷饮，让你熟悉更多产品；如果周一早上咖啡店忙不过来，系统还会推荐顾客外带美式咖啡，减少店家准备的时间。

此外，星巴克还巧妙地利用收集的数据，将其整合至统一的商务平台。这不仅建立了坚实的数字顾客关系，还实现了库存和销售点系统的无缝集成。这样的策略使得星巴克在满足顾客需求的同时，也大大提升了运营效率。

在定价策略上，星巴克同样展现出前瞻性，运用人工智能技术，根据时间、地点以及顾客行为等多元因素，灵活调整产品价格。这样的动态定价机制，使得星巴克能够针对不同情境，为顾客提供极具个性化的促销方案。这不仅提高了顾客的参与度，更在无形中提升了他们对星巴克的忠诚度。

2023年，为了更好地适应市场变化并提高服务品质，星巴克决定在中国成立一家专注于人工智能技术的研发公司——星巴克（中国）创新科技有限公司。在竞争日趋激烈的今天，品牌必须不断提升自己以吸引顾客，而人工智能无疑是最有效的手段之一。从长远来看，星巴克的努力将进一步推动咖啡行业的技术创新，为消费者提供更多便利性和优质服务。

> **讨论题**
> 1. 星巴克如何利用人工智能技术分析顾客数据，以提供更精准的服务？
> 2. 星巴克的个性化服务如何影响消费者的购买决策和忠诚度？
> 3. 随着人工智能技术的不断发展，星巴克如何持续优化其服务，以满足消费者不断变化的需求？

例 3-2　王权球场向球迷提供无接触式付款体验

王权球场（King Power Stadium）位于英格兰东米德兰兹的莱斯特郡，作为英超莱斯特城足球队的主场，一直以卓越的设施和球迷体验而闻名。2022年8月，球场的一项重大技术更新正式投入使用：无接触技术（Tap+Go）。

王权球场此次采用的金巴斯集团新推出的Tap+Go支付模式，为球迷们带来了前所未有的便利。球迷们在商店的入口处轻轻一刷，即可进入商店。挑选完心仪的食物和饮料后，无须排队等待，只需简单离开商店，支付即自动完成。这套支付系统的核心在于 AiFi 公司研发的人工智能跟踪器。这款跟踪器能够精确地识别球迷所选购的商品，并自动将其添加到虚拟购物篮中。完成购买过程后，支付金额会自动从球迷的账户中扣除，整个过程无须任何人工干预。更值得一提的是，这一系统无须进行面部识别，确保了球迷的隐私。

运营总监安东尼·蒙迪对此表示："我们始终致力于寻找新的解决方案，以提升球迷的体育场体验。通过在场馆推出 Tap＋Go，我们将为球迷带来更加便捷的食品和饮料服务。我们相信，与金巴斯集团的合作将为我们的球迷带来更加美好的未来。"

> **讨论题**
>
> 1. 王权球场采用的无接触支付技术（Tap+ Go）如何提高了球迷的购物体验？
> 2. 王权球场如何平衡新的支付技术与保护球迷隐私之间的关系？
> 3. 你认为王权球场还可以利用人工智能技术为球迷提供哪些其他便利？

04

第 4 章
人工智能与产品创新

引例　Google Lens：看见世界，更要看懂世界

你是否曾被路边一朵鲜艳的小花或草坪上一只羽翼特别的小鸟吸引，却不知如何获知它的名字？Google Lens 可以帮你解决这个难题。Google Lens 是谷歌发布的一款人工智能视觉搜索应用，它以图像识别和 OCR[①] 技术为基础，能够实时识别用户手机拍摄的图像，并提供相关信息，就像相机自带的一个搜索引擎。除了花、鸟、汽车，Google Lens 依靠谷歌庞大的地图数据库还能识别出实体店铺，用户只要将智能手机的摄像头对准某家店铺，就会看到关于该商家的信息和评价。Google Lens 的识别对象也可以是演唱会的海报或某段 MV，使用这一功能后，购票信息或演唱者就会出现在手机屏幕上。更让人欣喜的是，如果把摄像头对准路由器上的资料，Google Lens 会读取 WiFi 账号和密码，然后自动登录并联网，这样用户就无须记一大串冗长烦琐的密码。

Google Lens 在"看图说话"方面的优异表现无疑要归功于强大的人工智能视觉算法，即计算机视觉（computer vision，CV）。计算机视觉是一门研究如何使机器"看"的科学。计算机获取图像后，会迅速地进行分析判别，用类似人脑的信息处理方式来处理和解释，其效果远胜人脑。Google Lens 是人工智能、AR 与可视化搜索相融合的结果。相信在

[①] OCR 英文全称为 optical character recognition，即光学字符识别。

不久的将来，人们可以在 Google Lens 的帮助下去往世界各地，只要打开手机上的相机程序，即可了解脚下土地的过去与现在。

第 1 节　人工智能带来的产品变革

产品是企业赖以生存和发展的核心。随着从卖方市场向买方市场转变，企业的营销理念逐步升级，产品设计更加注重消费者体验。回望过去，人们的需求不断丰富，科技的发展使满足多样化的需求成为可能。因为不想洗碗，发明了洗碗机；为了追求随时随地的放松，发明了按摩椅；为了玩得尽兴，发明了自动麻将机；等等。多样化需求促使越来越多的人性化产品诞生。如今，营销已经进入人工智能新时代，企业比拼的是谁更能读懂消费者的心。人工智能在这方面具有重大意义，它不仅使许多前所未有的新产品面世成为现实，甚至连人们熟知的传统产品也在蜕变，重焕新生。

一、人工智能技术下的产品升级

人工智能在现实生活中得到应用早已不是什么新鲜事。为了方便有听力障碍的用户观看视频，美国著名视频网站 YouTube 的字幕系统与谷歌的自动语音识别技术（ASR）相结合，自动将语音资料转换为文字，加载为字幕。[①] 脸书发布的人工智能管家"贾维斯"（Jarvis）不仅可以调节室

---

① Youtube 已经为 10 亿个视频自动配好了字幕. (2017-02-17). https://cn.technode.com/post/2017-02-17/youtube/.

内环境、安排会议行程、定时做早餐、自动洗衣服、辨别并招待访客,甚至可以教扎克伯格的女儿说中文。① 除此之外,金融、保险、食品、医疗健康、电商、汽车、旅游、零售等行业都能看到人工智能的身影。在人工智能技术的驱动下,营销产品犹如搭上了火箭,一飞冲天,向着那茫茫宇宙中不计其数的未知可能奔去。

1. 智能手机

在全民人工智能的风潮中,最显而易见的例子就是现代生活中人们大多无法离开手机,其实手机的名字早就显露了端倪——"智能手机"。多年前,手机的主要功能是接打电话和收发短信,仅作为通信工具而存在。智能手机的出现,宣告了每个人都可以随身携带个人专属的操作系统。它更像是一台便携式电脑和一个生活助手,帮助人们处理各种工作、娱乐和生活问题。

IBM 1993 年推出的智能手机 Simon 最先开创触摸屏,使用 Zaurus 系统,内含一款名为 Dispatchlt 的第三方应用软件。真正将智能手机这一概念带入人们视野的是苹果公司的 iPhone,它凭借独特和人性化的操作界面成为行业标杆。其语音助手 Siri 一经问世便备受瞩目,人们不仅可以通过语音操作手机,还能与 Siri 聊天对话,增添乐趣。2017 年 9 月 13 日凌晨,苹果公司发布了公司 10 周年限定的重量级产品——iPhone X。这款号称第一部具有人工智能意义的手机,去掉了 Home 键,采用全面屏,并增加了面部识别功能 Face ID,这成为它的最大亮点。据官网上的介绍,Face ID 功能通过原深感摄像头实现,设置起来非常简单。它会投射超过

---

① 人工智能在家居行业应用:现状、挑战及趋势. (2017-05-27). http://www.sohu.com/a/144052790_455313.

30 000个肉眼不可见的光点,并对它们进行分析,为人们的脸部绘制精确细致的深度图。人们可以通过人脸识别来解锁手机,比之前的 Touch ID 安全性大大提高。在背后支撑这一强大功能的是 A11 Bionic 芯片,这种双核芯片每秒运算最高可达 6 000 亿次,专门处理人工智能相关事务。

2. 自动驾驶汽车

自动驾驶汽车是人工智能应用的热门领域之一。据统计,全球每年有超过 120 万人死于交通事故,其中有 94% 的事故是人为造成的。自动驾驶汽车可以极大地降低这种错误率,让驾驶变得更安全。同时,它还能极大地减少花在交通上的时间,给不会开车的人的生活带来方便。[1]

现代意义上的第一辆自动驾驶汽车诞生于 20 世纪 80 年代的卡内基-梅隆大学计算机科学学院的机器人研究中心,名叫 Navlab,限于当时的硬件条件,这辆自动驾驶汽车的最高时速只能达到 32 千米。在中国,1987 年,国防科技大学研制出一辆自动驾驶汽车的原型车,这辆车虽然非常小,样子也与普通汽车相去甚远,但具备了自动驾驶汽车的主要组成部分。[2]

自 2016 年开始,更多的企业和机构开始在无人驾驶技术的研究和应用上崭露头角,这条拥挤的赛道上既有谷歌、百度、优步和 IBM 这样的互联网和技术公司,也有通用和本田等传统的汽车制造商,还有特斯拉这样的新一代汽车公司。当然,麻省理工学院和哈佛大学等学术研究重镇也都有自己的无人驾驶研究项目(涉及无人驾驶技术及其背后的社会学、伦

---

[1] 塔尔博特. 移动革命:人工智能平台如何改变世界. 吴建新,译. 北京:机械工业出版社,2017.
[2] 李开复,王永刚. 人工智能. 北京:文化发展出版社,2017.

理学和法律问题）。其中的佼佼者当属谷歌。虽竞争者众多，但谷歌旗下的 Waymo 公司一直在自动驾驶技术上保持领先地位。2018 年，谷歌宣布将在当年生产数千辆无人驾驶汽车（见图 4-1），并投入出租车运营业务，这意味着谷歌无人驾驶汽车首次实现商业化运营。Waymo 从亚利桑那州交通部门获得许可，其无人驾驶小型货车 Chrysler Pacifica 能够在亚利桑那州向乘客提供付费交通服务，就像优步和 Lyft，用户可以通过 Waymo 应用程序叫车。2023 年 5 月，Waymo 连接了亚利桑那州的凤凰城中心和东谷服务区，并增加了斯科茨代尔，使其成为世界上最大的完全自主付费打车服务区，面积达 180 平方英里。这项技术不仅可改变人们的出行方式，还会带来上千亿美元的产值。这一次，谷歌在无人驾驶商业化的道路上显示出绝对优势。

图 4-1 Waymo 自动驾驶汽车

无人驾驶的飞速发展也引发了一些问题。比如，特斯拉汽车被曝光与好几起涉及其自动驾驶辅助技术 Autopilot 的事故有关，其中一起事故更是造成了车毁人亡的后果，特斯拉为此发表声明，警告驾驶者不要完全依赖现在还不完美的自动驾驶功能。尽管如此，毫无疑问，无人驾驶确实取得了很大的发展。据美国 IHS Automotive 的报告，到 2025 年，全球自动驾驶汽车销量将接近 60 万辆，2035 年将达到 2 100 万辆，预测期（2025—2035 年）内市场将保持 48％的年复合增长率，市场潜力巨大。

3. 智能家居

智能家居是一个以物联网为基础的家居生态圈，主要包括智能照明系统、智能能源管理系统、智能视听系统、智能安防系统等。随着人工智能技术的赋能，近年来智能家居产业得到了迅速发展。中国智能家居产业联盟发布的《中国智能家居生态发展白皮书》显示，中国智能家居市场规模已由 2017 年的 3 254.7 亿元，大幅提升至 2022 年的 6 515.6 亿元。[①]

海尔的 U-home 是海尔智能家居解决方案，它以人工智能为技术支撑，采用有线与无线网络相结合的方式，通过信息传感设备将所有设备与网络连接，实现了"家庭小网""社区中网""世界大网"的物物互联，并通过物联网实现了3C产品（即计算机、通信和消费类电子产品）、智能家居系统、安防系统等的智能化识别、管理以及数字媒体信息的共享。海尔智能家居使用户在世界的任何角落、任何时间，均可通过打电话、发短信、上网等方式与家中的电器设备互动。

二、人工智能产品的特征

随着人工智能产品的不断涌现，人们可以清楚地看到它们不同于传统产品的一些特点。

---

① 中国智能家居产业联盟. 中国智能家居生态发展白皮书. 2023.

1. 操作简单化

操作简便是人工智能的方法和目的。它需要老少皆宜、化繁为简。消费者不都是知识丰富的学者和专业技术人员，更多的是那些对科技没有太多了解的人，因此只有降低使用门槛，尽可能简化用户操作步骤，才能真正做到服务大众。同时，在生活节奏越来越快的今天，高效便捷是产品升级的必然趋势。因此，人工智能产品首先要做到操作简单化。例如，阿里巴巴的天猫精灵 XI 智能音箱给宅在家中的人带来不少便利。用户不需多余操作，只需喊一声"天猫精灵"，即可唤醒音箱，通过语音来操作。无论是播放音乐、听广播、朗读故事，还是订外卖、购物、控制家居，用户只张嘴说一声，智能音箱就会帮其完成任务。再如，打开视觉搜索应用程序 CamFind 拍一张照片，用户可以立刻得到跟照片中事物相关的资讯。如果照片里的主体是风景，可以得到相关的旅游资讯；如果照片里的主体是书籍，可以得到相关的比价信息与评价；如果照片里的主体是图画，则可以得到相关的作者信息和介绍。简单的操作方法对于"懒人"或者老年人来说十分实用和必要。

2. 功能整合化

人工智能产品的另一个显著特点是功能丰富，可以满足消费者的多种需求，并挖掘消费者的潜在需求。在手机只用来接打电话、电视只播放节目的时代，产品往往只有纯粹的目的，不能同时具备多种功能。跟阿里巴巴的天猫精灵类似，百度研发的语音交互式蓝牙音箱"小度"不再是传统意义上的智能音箱。小度的实用功能包括：播放海量有声资源（音乐、广播等）、百科查询、生活工具（天气查询、股市查询等）、休闲娱乐（陪聊、讲笑话等)、儿童模式以及语音控制家电。因此,小度这一产品有别于以往的蓝牙音箱,使消费者在享受音乐之余,还能体验到全方位的便利性与智能化,实现一个场景中多种功能的融合。

3. 体验个性化

从前划分消费者群体的方法比较宏观粗略,很难顾及小众群体的需求,更不用说成本高昂的私人定制。如今,企业要做的不只是生产出优质的产品,还要为具有不同背景、不同习惯、不同爱好的消费者提供个人专属服务,让产品真正贴近、读懂每位消费者。在大数据的基础上,加上人工智能深度学习技术和计算能力,可以使产品记住消费者每一次的选择和使用情况,并分析和学习他们的偏好和习惯,从而给消费者带来个性化的体验,并不断升级优化,随消费者喜好的变化进行调整。这就是为什么人们在淘宝首页的"猜你喜欢"或者音乐播放器的"每日推荐"中常常能发现自己心仪的商品和音乐。

第 2 节　人工智能驱动的产品创新

企业在制定营销战略时,首先要明确自己能够提供什么样的产品和服务以满足消费者的需求。在万物互联时代,人工智能为企业提供了自我赋能、提高核心竞争力的契机。因此,企业如何在人工智能技术的支持下进行产品创新是需要特别关注和深入研究的问题。

一、挖掘市场需求,设计全新产品

作为产品整个生命周期中最重要的一环,产品设计占据了极为重要的地位。传统营销依靠经验与调查来判断市场的发展趋势，进而进行产品的设计与改进。如今，随着技术变革步伐的加快，人工智能技术成为各大企业产品研发与设计的着力点。

产品开发的最终目的是满足消费者的需求。一方面，人工智能可以通过长期观测市场走向，挖掘和预测市场的潜在需求，完成产品的创新设计。大数据基础加上人工智能的强大算法可以使企业更加清晰地了解市场情况，并对此做出精准预估，减少产品设计的成本。同时，企业能根据市场数据监测结果灵活调整产品策略。比如，专为听障人士开发的音书 App 就是一款运用人工智能技术满足特定消费群体需求的创新产品，它集合了语音识别、语音合成及语音评测等技术，具有三大功能：（1）字幕功能，即实时进行声音文字转化，帮助听障人士与外界实现信息无障碍沟通；（2）语音训练功能，即通过人工智能技术帮助听障人士从零开始进行语言康复训练；（3）打电话功能，即在接入网络的情况下，实现电话文字翻译功能，帮助听障人士与朋友家人进行电话交流。这些功能大幅改善了听障人士与外界沟通的效率与质量。

另一方面，在人工智能的影响下，产品设计逐渐从单点极致转向场景化功能链整合。过去的产品设计往往只针对一个问题，各个功能点处于孤立状态。人工智能技术的成熟以及应用场景的日益丰富、相融使满足用户连续性需求的独立产品呼之欲出。用更加简洁的方式满足消费者的多种需求是企业进行产品设计的思考方向。人工智能机器人作为具备感知、认知、决策、行动交互能力的智能平台，其显著特性在于能连接服务。如同智能手机，人工智能机器人不再是单一的通信工具，可以无缝对接各行各业，如催生教育机器人、商务机器人、汽车机器人、安保机器人、清洁机器人等，从而创造出百花齐放的繁荣景象。

人工智能给未来的产品研发和设计带来无限的可能，应注意的是，人工智能产品不是为小部分人设计的，它面向的是大众市场，因此企业需要考虑产品的价格能否被广大消费者接受。

二、利用智能技术，创造内容产品

内容生产已不是人类的专利，在众多领域，人工智能都可以创造出具有商业价值的内容产品。

1. 人工智能新闻生产

如今，许多媒体引入机器人写稿机制，利用人工智能完成天气、财经、体育等领域一般新闻的快速撰写。例如，2014年美联社与Automated Insights公司合作采用当时世界上唯一的公共自然语言生成平台——自动化写稿程序Wordsmith进行自动化新闻写作，典型应用便是程序化地将上市公司公开发布的季度财务报告转化成相关新闻报道。之前，美联社新闻记者每季度只能人工创作约300则财报新闻稿件，有数以千计的上市公司财报来不及被写成报道，而在引入Wordsmith自动化写稿程序之后，美联社的财报类新闻报道实现了自动规模化生产，每季度的财报稿件数量保持在3 700篇以上，约为原来人工生产的12倍。再如，2017年8月8日晚，四川九寨沟发生7.0级地震，最先发布该消息的是一个写稿机器人，它用25秒就写完了关于这次地震的速报，并通过中国地震台网官方微信平台推送，进行全球首发（见图4-2）。稿件用词准确，行文流畅，关于地形、天气的介绍面面俱到，即便是专业记者临阵受命，成品也不过如此。如果考虑到25秒的写作时间，可以说人类完败。

图 4-2 写稿机器人对九寨沟地震的报道

除了文字报道以外，人工智能还可以自动创作视频新闻。比如，Wibbitz 是一个主打自动化视频创作的平台，它最核心的技术是文本转换视频技术（text-to-video technology），该技术可以在没有任何人为干预的情况下，将一段纯文本自动转化为一段包含照片、旁白、图表等多媒体元素的视频短片。在工作流程上，首先，用户将故事文本上传至 Wibbitz 平台进行人工智能技术分析；然后，人工智能会针对该文字报道形成一个摘要，即完成视频脚本；最后，人工智能根据该文本摘要，在数秒内自动将一系列图像或视频片段串接在一起，并添加一些画外音，最终形成一个叙事完整、元素丰富的短视频。Wibbitz 的人工智能技术已根据用户的偏好将彭博社、路透社、美联社、福布斯等媒体的文本新闻转化为不同内容的视频。

短视频方面，丰富的智能化视频生产工具不断降低视频加工难度，提升生产速度。人民日报社 AI 编辑部推出的"一键特写"功能可将大型会议中 16∶9 的多人视频素材，按照单个人物进行快速裁剪，智能生成单人的竖屏视频，便于在短视频平台发布，同时满足受众对单个人物的观看需求和移动端观看习惯。中央广播电视总台的 AI 云剪辑平台可对 12 路直播输入信号进行"找""选""编"3 个阶段的智能加工，90 秒左右就能生产出一条短视频。

2. 人工智能作诗

诗歌是人类文学皇冠上的明珠。自《诗经》问世以来，我国的诗歌灿若繁星。让机器自动生成诗歌一直是人工智能领域一项具有挑战性的工作，这方面最早的研究始于 20 世纪 70 年代。传统方法非常依赖诗词领域的专业知识，需要专家设计大量的人工规则，对生成诗词的格律和质量进行约束，同时迁移能力比较差。随着深度学习技术的发展，诗歌生成研究进入一个新的阶段。近年来，人工智能已经创作出大量令人叹为观止的诗歌。

比如，由清华大学计算机系孙茂松教授带领的团队开发的计算机古诗作诗系统"九歌"用两年的时间学习了从初唐到晚清的 30 万首诗，能作出与古诗媲美的诗歌。研发团队只对诗歌的平仄、押韵做出规定，并未人为给出其他规则，而是让计算机自己学习古诗中的"潜规则"。"早春江上雨初晴，杨柳丝丝夹岸莺。画舫烟波双桨急，小桥风浪一帆轻。"这首清新别致、朗朗上口的小诗便是"九歌"以"早春"为关键词创作的作品。

微软小冰于 2017 年 5 月出版了现代诗集《阳光失了玻璃窗》(见图 4-3)，这是人类史上首部 100% 由人工智能创作的诗集。小冰在学习了 1920 年以来 519 位诗人的现代诗的基础上,通过深度神经网络等技术手段模拟人类的创作过程,花费 100 小时,训练 10 000 次以后,才拥有了创作现代诗歌的能力。"树影压在秋天的报纸上/中间隔着一片梦幻的海洋/我凝视着一池湖水的天空",当读到这首诗的时候,你的脑海中是否会浮现相似的场景?你是否会被这优美的诗句打动?

图 4-3　微软小冰创作的诗集《阳光失了玻璃窗》

3. 人工智能写小说

随着人工智能技术的飞速发展,写作机器人已经能够独立完成小说的写作。2016 年,日本研发的人工智能所创作的科幻小说《机器人写小说的那一天》骗过了所有评审人员,成功入围日本微小说文学奖的角逐。尽管未能进入最终轮的评选,但该人工智能是该奖项自设立以来第一个非人类参赛作者。小说的开头是这样的:"那一天,乌云低垂,天阴沉沉的。屋子里保持着跟往常一样最适宜的温度和湿度。洋子懒洋洋地坐在沙发上,玩着无聊的游戏打发时间。但是,她没有和我说话……"小说创作的背后是日本公立函馆未来大学松原仁教授率领的团队。写作的过程大致是:人类首先明确小说的基本架构,并为计算机输入人物设定、内容大纲等人为元素,之后计算机依据这些素材组织语言,写出小说。

2016 年的万圣节到来之际,麻省理工学院的研究人员宣布已研发出世界上第一个旨在与人类合作创作恐怖故事的人工智能应用"雪莱"(Shelly)。该应用以著名的《弗兰肯斯坦》(*Frankenstein*)的作者玛丽·雪莱(Mary Shelley)的名字命名,麻省理工学院团队通过 Reddit 上的 r/nosleep 子板块内的数万个恐怖故事对其进行训练。"雪莱"一开始采用随机种子或简短的文本片段编写恐怖故事,但真正让它脱颖而出的是其通过读者反馈进行学习的算法。起初,"雪莱"每隔一小时就在其推文中编写新故事,当关注者回应新句子时,它能通过这句话以及此前的所有信息确定符合逻辑的下一个句子,不断编写与关注者兴趣高度一致的故事(见图 4-4)。

图 4-4 人工智能应用程序"雪莱"编写的恐怖故事

相比描述信息和事实的新闻稿,更见文学功底的小说对文字和思维的要求更高。毕竟，小说不仅要逻辑严谨，还要情感充沛、刻画到位。从这个角度看，出色的小说家暂时不用担心会丢掉自己的饭碗。①

4. 人工智能绘画

人工智能也开始"入侵"绘画艺术这块"人类最后的智慧高地"。2018年10月25日，世界艺术史上多了一幅"名画"——由人工智能创作的《埃德蒙·贝拉米肖像》（见图4-5）。许多人相信，这幅新鲜出炉的作品将和毕加索的《亚威农少女》、蒙德里安的《红、黄、蓝的构成》和安迪·沃霍尔的《玛丽莲·梦露》一起名垂史册。这幅画的起拍价为5 500美元，估值在7 000~10 000美元。经过近7分钟的55次出价，一位匿名电话竞标者笑到了最后。他的出价为35万美元，加上佣金等，总共需为这幅画支付43.25万美元，是预估价的43倍。为了培养出胜似真人的人

图4-5 人工智能作品《埃德蒙·贝拉米肖像》

---

① 人工智能写出的小说，入围了人类的文学奖. (2016-03-24). https://www.sohu.com/a/65517576_139533.

工智能画师，法国艺术团体 Obvious 让人工智能程序钻研艺术史，并向它展示作品的诞生过程，输入 15 000 多幅 14—20 世纪的人像。该程序会根据训练指令创造出若干新作品，直到通过一个判断作品由人创作还是由机器创作的测试。[①]

美图秀秀推出了绘画机器人 Andy。用户只需上传一张自拍照，Andy 就可以自主创作，为用户画出插画风格的专属人像。Andy 运用的是 MTLAB 研发的影像生成技术 MTgeneration。MTgeneration 的核心是 MTLAB 自主研发的生成网络 Draw Net，它通过深度学习技术对大量图像数据进行精准分析与学习，不断增强机器人的绘画能力。换言之，Andy 所做的是真正意义上的绘画。

AutoDraw 是谷歌开发的比较初级的人工智能绘图工具，它运用机器学习技术将个人涂鸦转化为艺术品，让不会画画的人也能成为艺术家。比如，如果你想画一个简单的熊头像，它可以帮你画出一只可爱的熊（见图 4 - 6）。

图 4 - 6　AutoDraw 根据涂鸦生成的熊

---

① 人工智能"入侵"绘画圈．（2018 - 10 - 31）．https://qnck.cyol.com/html/2018 - 10/31/nw.D110000qnck_20181031_1 - 10.htm．

OpenAI 于 2021 年 1 月份推出 Dall-E，这是一个可以根据书面文字生成图像的人工智能系统，该系统可以根据简单的描述创建极其逼真和清晰的图像，精通各种艺术风格，包括插画和风景等（见图 4-7）。它还可以生成文字来制作建筑物上的标志，并分别制作同一场景的草图和全彩图像。

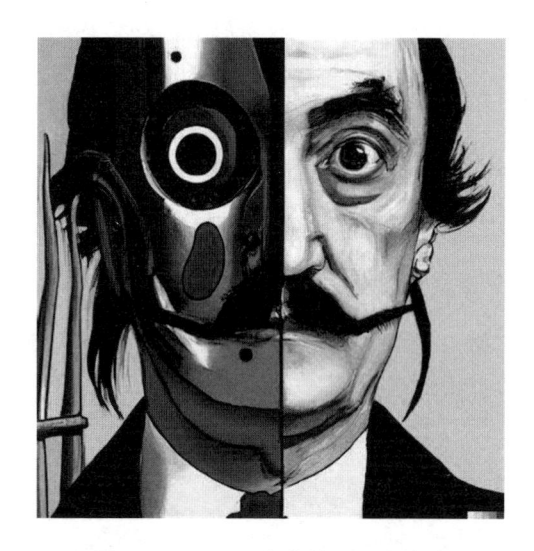

图 4-7 Dall-E 作出的不同风格画

5. 人工智能作词作曲

人工智能也在向音乐领域渗透。2017 年在央视综艺节目《机智过人》中，微软小冰根据一幅具有东方神韵的唯美水墨画（见图 4-8）创作的中国风歌曲《桃花梦》险胜（现场观众投票结果为 25∶23）人类对手付豪创作的《耳语》。当歌手唱出"茫茫夜雨中，往事如风，耳边桃花笑春风，梦里你我相逢"这般古风浓郁的句子时，很多观众以为这是人类所作。小冰写歌是一个编码与解码的过程。研究人员首先用流行歌曲训练该人工智能机器人，经充分训练后，它就可开始创作。首先，把歌曲主题以关键词的形式输入，相关信息会被编码成人工智能可以理解的语言；然后，机器人以人能理解的方式解码输出，生成一句歌词；最后，把这句歌词与原来输入的关键词合并作为新的输入，可得到第二句歌词。如此循环可得到整首歌的歌词。同样，也可输入歌词，相应制作成曲谱，即把曲谱看作自然语言，由此完成计算机作词谱曲。①

图 4-8 人工智能创作歌曲《桃花梦》所依据的水墨画

2020 年 12 月 14 日，"2020 网易未来大会"主题曲《未来之歌》正式对外发布，歌曲由网易伏羲、网易雷火音频部提供作词、编曲、演唱的全链路 AI 技术支持。2020 网易未来大会主题曲的诞生代表网易在 AI 音乐领域生成技术上实现了全方位的突破。

英文歌方面，IBM 的沃森学习了 26 000 首流行歌曲，分析了 5 年来的流行文化，探索什么样的主题、旋律最打动人，从个人小爱到世界大

---

① 写诗作曲绘画，人工智能创作的春天来了. (2018-03-14). https://www.sohu.com/a/225490275_117503.

爱，将大量非结构化数据转化为情感洞察，帮助格莱美获奖制作人基德（Alex da Kid）创作了风靡一时的歌曲《心碎》（*Not Easy*）。这首单曲一经发布，就迅速冲上了 Spotify 全球榜第二的位置，大受欢迎。

6. 人工智能主播

2015 年 12 月，上海东方传媒集团与微软合作推出了虚拟机器人主播小冰。作为历史上第一个专职的人工智能主播，小冰负责主持东方卫视《看东方》早新闻的天气播报板块。在 2018 年的第五届世界互联网大会上，新华社联合搜狗发布了全球首个人工智能合成新闻主播（见图 4-9）。这个人工智能主播首播模仿的是新华社主持人邱浩，主持过程的模仿度高达 99%，其外形、声音、眼神、面部和嘴部的动作都与真人邱浩相差无几。据专家介绍，这个人工智能主播可以直接将其他主播的视频拿过来进行读取，模仿声音、声线，甚至克隆体型、样貌、唇形等，最后直接生成主持风格。这不仅在全球人工智能合成领域实现了大突破，更是在新闻领域开创了实时音视频与人工智能真人形象合成的先河。这个人工智能主播不仅和真人一样会播报新闻，而且永不出错、永不疲倦、永不休息。

图 4-9 人工智能合成新闻主播"邱浩"

在人工智能内嵌于新闻生产与传播的大趋势下，AI 虚拟主播已经广泛地应用于各类播报场景。中央广播电视总台视听新媒体中心以财经评论员王冠为原型，基于"央视频"平台推出了总台首个拥有超自然语音、超自然表情的超仿真主播"AI 王冠"。在 2022 年的全国两会报道中，"AI 王冠"正式投入使用。央视频也推出了全新 AI 节目《"冠"察两会》，为两会报道注入科技"创新力"。（见图 4-10）①

图 4-10 超仿真主播"AI 王冠"

7. 人工智能配音

使用人工智能技术模拟真人的声音可以做到惟妙惟肖。中央电视台的《创新中国》是全球第一部由人工智能配音的纪录片，机器合成的是央视已故著名播音员李易的声音。"用事实说话，焦点访谈"这一深沉雄厚、气势不凡的声音是很多人岁月记忆的一部分。在技术的支持下，配音大师的声音得以完美重现。使用人工智能进行真人模拟的还有获得 2018 年戛纳国际创意节创意数据全场大奖的肯尼迪最后的演讲（见图 4-11）。《泰晤士报》委托创意机构 Rothco 在肯尼迪一百周年诞辰之际开展了一项活

---

① 真人和虚拟人同屏播新闻，总台首个 AI 超仿真主播为两会报道注入科技"创新力"！（2022-03-08）．https://news.cctv.com/2022/03/08/ARTI859qYn0vlCHFHVXp5DLv220308.shtml.

动。Rothco 联合科技公司 CereProc 使用人工技能技术对美国前总统肯尼迪的 831 次演讲进行语音分析，通过复杂的机器学习过程，让人工智能在肯尼迪遇刺 55 年后用他的声音和演讲习惯完成他本应在 1963 年 11 月 22 日达拉斯贸易市场发表的演讲。

图 4-11 人工智能合成的肯尼迪最后的演讲

8. 人工智能对话机器人

人工智能对话机器人是一种计算机程序，它使用 AI 和 NLP 技术，模拟人类对话，理解客户提出的问题并自动进行解答。通过使用文本输入和/或音频输入方式，人工智能对话机器人无须人工干预即可回复用户的问题和请求，帮助用户轻松找到所需的信息，可以用于各种渠道，例如消息传递应用、移动应用、网站、电话线路和支持语音的应用。人工智能对话机器人可以是大型应用程序的一部分，也可以完全独立存在，目前较为主流的人工智能对话机器人有 ChatGPT、文心一言等。

(1) ChatGPT

ChatGPT 是 Open AI 于 2022 年 11 月 30 日发布的一款聊天机器人程序，作为一款人工智能技术驱动的自然语言处理工具，它能够基于在预训练阶段所见的模式和统计规律生成回答，还能根据聊天的上下文进行互动，像人类一样真正地聊天交流，甚至能完成撰写邮件、视频脚本、文案、翻译、代码、写论文等任务。ChatGPT 是 AIGC 技术进展的成果，该模型能够促进利用人工智能进行内容创作、提升内容生产效率与丰富度。ChatGPT 还采用了注重道德水平的训练方式，按照预先设计的道德准则，对不怀好意的提问和请求"说不"。一旦发现用户给出的文字提示里面含有恶意，包括但不限于暴力、歧视、犯罪等意图，就会拒绝提供有效答案。

ChatGPT-4 是 OpenAI 发布的 GPT 软件的第四次迭代。与前几代版本只能处理文本输入不同，ChatGPT-4 首次支持接受图像或文本输入，并发出文本输出。这意味着 ChatGPT-4 可以同时处理两种类型和长度不同的信息，从而实现多模态的理解和生成。此外，ChatGPT-4 比之前的 ChatGPT-3.5 版本更精确、更有创造性和协作性，而且产生可靠回复的比例大幅提高 40%。

截至 2023 年 11 月，这款新一代对话式人工智能便在全球范围狂揽超过 17 亿用户，并成功从科技界破圈，成为历史上增长最快的消费者应用程序。

(2) 文心一言

文心一言是百度全新一代知识增强大语言模型——文心大模型家族的新成员，能够与人对话互动，回答问题，协助创作，高效便捷地帮助人们获取信息、知识和灵感。文心一言是知识增强的大语言模型，2023年3月16日，百度开启文心一言邀请测试。文心一言从数万亿数据和数千亿知识中融合学习，得到预训练大模型，在此基础上采用有监督精调、人类反馈强化学习、提示等技术，具备知识增强、检索增强和对话增强的技术优势。2023年8月31日，文心一言向全社会全面开放。

百度文心一言定位于人工智能基座型的赋能平台，将助力金融、能源、媒体、政务等千行百业的智能化变革，最终"革新生产力工具"。文心一言有五大能力，即文学创作、商业文案创作、数理逻辑推算、中文理解、多模态生成；上线了六个官方原生插件，即百度搜索、览卷文档、E言易图、说图解画、一镜流影、依言优答。

表4-1 文心一言与ChatGPT-3.5、ChatGPT-4部分功能对比

应用领域		文心一言	ChatGPT-3.5	ChatGPT-4
常识和创作	常识类问题	正确	正确	正确且更为严谨
	文字创作	分词错误	正确	正确且细节更丰富
	图像创作	生成图像符合要求	无法生成	图像生成功能暂未开放
归纳和推理	演绎推理	错误	正确	正确
	情感推理	结果正确，过程有偏差	错误	错误
	逻辑推理	错误	错误	基本正确
	归纳总结	符合要求，对未知内容直接进行网页搜索	未能提取正确信息	符合要求，可对未知内容进行推理，多轮对话能力较强
数字和代码	数学计算	错误	正确	错误
	代码生成	错误	未给出最优答案	未给出最优答案

续表

应用领域		文心一言	ChatGPT-3.5	ChatGPT-4
模拟 AI 助手	安全类问题	符合要求	符合要求	符合要求
	生活类问题	符合要求且给出可靠建议	符合要求	符合要求
模拟 AI 客服	退换货问题	符合要求	符合要求	符合要求
模拟办公助手	场景文档生成	符合要求	符合要求	符合要求
	文字修饰	有待改进	有待改进	有待改进
模拟推荐助手	推荐理财产品及生日礼物	符合要求	符合要求	符合要求
教学辅助	古诗词理解	基本正确	部分内容错误	部分内容错误

资料来源：百度文心一言官网，chat.openai 官网，国金证券研究所。

三、构建智能体系，满足个性化需求

随着技术的进步及人力成本的不断提高，智能化设备开始在产品制造以及管理过程中广泛应用，有效地促进了高效率、低成本产品生产机制的形成。例如，博柏利、阿迪达斯等服装品牌的工厂启用新型的剪裁机器人，能够保持每天 21.5 小时的高效运作，相对于人力节省了 50% 的时间，大大缩短了产品的生产周期。2016 年，阿迪达斯在美国亚特兰大开设了一家完全机器人工厂，可以按照特定需求在 48 小时内完成运动鞋的生产和寄送。

同时，私人定制、小批量生产逐渐成为企业加工的常态。[①] 这对产品生产提出了更高的要求。面对更加个性化的订单，大数据挖掘、机器学

---

① 胡俊，石丹. 智能制造背景下的中国制造业发展研究. 中国多媒体与网络教学学报，2017（3）.

习、计算机仿真等技术为摒弃流水线、实现产品定制化生产提供了可能，并能有效解决库存不足或囤货等问题，大幅降低了生产成本。

未来，产品生产线会更加完善。在人工智能技术的帮助下，可实现产品设计、生产、营销与售后各个环节信息流的循环传递，完成闭环控制，构建"智能制造"体系。[1]

1. 量身定制，打造个性化产品

相比过去千篇一律的标准化产品，人工智能所带来的最重要的变化之一是大规模私人定制的实现。移动互联网时代的消费者群体具有分众化、个性化特征，喜好和需求丰富多样。满足每个消费个体的需求在过去简直是天方夜谭，在人工智能时代却能够实现。人工智能技术能够根据每位消费者的身份背景、兴趣爱好、消费习惯等进行标记，洞察消费者的行为特征，完成消费者画像，从而为其定制专属的产品，实现真正的千人千面。例如，谷歌在 2016 年推出了基于大数据和人工智能的在线时装设计项目 Project Muze。用户选择性别、偏爱的音乐、艺术种类、个性特点、年龄、穿衣风格，并在 3D 模特上简单勾画几笔后，系统会自动根据这些信息生成一套带有序列编号的 3D 时装效果建模以及设计动机和灵感概述（见图 4-12）。再如，宝洁旗下品牌玉兰油在 2017 年宣布推出全新皮肤测试 App——玉兰油皮肤顾问（Olay Skin Advisor），消费者只需提交一张自拍照，回答若干自己关心的皮肤问题并提供使用偏好信息，就会得到一份定制化的产品方案建议。[2]

---

[1] 人工智能技术下"智能制造"解决方案. 智慧工厂，2017 (6).
[2] 人工智能为消费者提供定制化的产品的趋势已经来临. (2017-03-04). http://www.jumeili.cn/NewsView-24296.html.

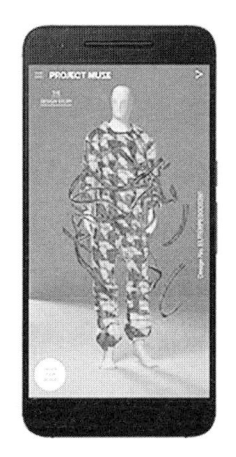

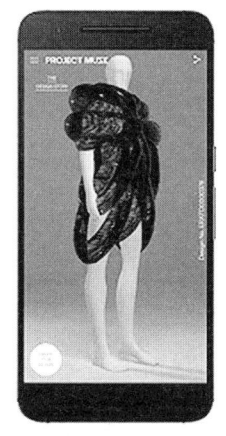

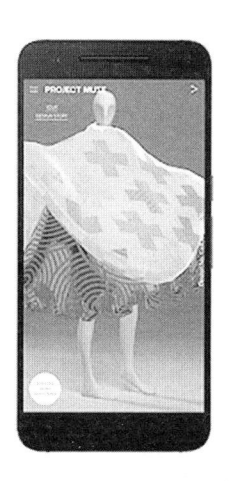

图 4-12　Project Muze 通过大数据和人工智能系统设计出的 3D 时装效果图

2. 从线下到线上，提升服务质量

优质服务是提升消费者满意度的重要手段，它是好产品不可分割的一部分。在传统的购买方式中，沟通渠道闭塞，互动机制缺失，难以形成全面完善的服务机制。人工智能技术大大改善了这些问题，从线上到线下，从售前到售后，让企业更加了解消费者的需求，从而提供最贴心的服务。

现在越来越多的实体店安装了智能系统，如店门口的人脸识别系统可以分析顾客群体；货架上的系统可以实时检测货品数量，及时补货；针对 VIP 客户专门设置的系统能够快速识别进店的 VIP 客户，并与预存资料进行匹配，将相关资料实时推送到导购员的手机上，以便导购员更了解这些 VIP 客户的情况，有针对性地进行交流与商品推荐。①

人工智能技术也给在线服务提供了更多的可能性。许多大型公司（如

---

① 当人工智能遇上新型零售模式 黑科技、无人商业都来了. (2017-11-13). http://news.winshang.com/html/062/9460.html.

劳埃德银行集团、苏格兰皇家银行、澳大利亚国民银行和瑞典家居公司宜家等）相继研发了在线语音助手，在线语音助手不仅可以模拟人类同顾客进行人机交互，还能连接专家系统，共同为顾客提供高质量的服务。[1]"双 11"期间，面对上亿的消费者流量，阿里巴巴人工智能客服的出现让人眼前一亮，其中的超级客服机器人"店小蜜"不仅一天 24 小时不间断地为 350 万用户答疑解惑，还能根据用户购买行为预测问题，快速形成答案，受到了用户的广泛好评。

人工智能对服务业的提升效果是十分显著的。在医疗行业，人工智能的应用主要体现在医学研究、制药研发、智能诊疗以及家庭健康管理等方面。比如，通过人脸识别、语音交互等技术，智能导诊和智能问诊可以大大缩短患者候诊和医生诊断的时间。在教育行业，人工智能将全面覆盖"教、学、考、评、管"产业链条，在英语语音测评、智能批改与习题推荐、分级阅读、教育机器人以及智能陪练等方面进入市场应用阶段，这大大减少了教师的重复性劳动，使他们有更多时间和精力对学生进行个性化的教学与辅导。[2] 在金融行业，人工智能的应用主要体现在智能投顾（即投资顾问）、征信风控、金融搜索引擎、保险、身份验证和智能客服等方面，如汇丰银行就运用人工智能解决方案大大提升了欺诈侦测的速度和准确性。[3] 人工智能技术还有助于识别高诈骗风险人群。比如，"听风者"就是一款利用语音情绪识别技术的车险反欺诈人工智能产品。在车险报案环节嵌入的语音情绪识别技术可将人们报案时的喜、怒、哀、乐、

---

[1] 崔克兵. 浅析人工智能在市场营销中的应用. 金融经济, 2018（2）.
[2] AI 进化论：解码人工智能商业场景与案例. 北京：电子工业出版社, 2018.
[3] Wilson H J, Daugherty P R. Collaborative intelligence: humans and AI are joining forces. Harvard Business Review, 2018（4）：114-123.

惊、恐、厌七种情绪特征与疑似酒驾顶包、疑似逃逸和先出险后投保等车险欺诈场景进行匹配建模,测算欺诈指数,并将疑点类型、现场调查建议第一时间推送给理赔前端的查勘员。再如,蚂蚁集团 AI 全链路反诈智能产品"叫醒"日均发出风险预警 50 万人次,被骗用户的止付率提升了 80%。系统可以在 10 毫秒之内判定交易风险水平,在 90 秒风险"确认期"、15 分钟交易"冷静期"、24 小时交易"反悔期"等多个阶段,通过图文互动、语音电话、交易冷静、延时到账等方式,对易受骗用户进行自动化劝阻和风险提示。这些人工智能技术的应用大大提升了服务业的效率和质量,在提高消费者满意度的同时,显著降低了服务成本。

例 4-1 谷歌推出 Android Wear 2.0 智能手表

谷歌把机器学习算法装进移动设备,可让智能手表自动回复消息。谷歌于 2017 年 2 月 9 日发布的 Android Wear 2.0 智能手表操作系统加入了智能回复功能,这一功能不依赖服务器,完全在智能手表本地实现(见图 4-13)。该智能手表上运行的智能回复软件处理用户收到的信息,向用户推荐回复语句,并逐渐学习用户的语言风格和个人偏好,变得更像用户本人。

Android Wear 2.0 版本最明显的更新除允许手表脱离手机直接使用之外,当属智能回复。谷歌发布的博客显示,离线人工智能技术在其中发挥着重要的作用。在 Android Wear 2.0 版本中,用户在手表上收到信息之后,可像在安卓手机上那样,展开通知,直接回复。在需要快速回复的场

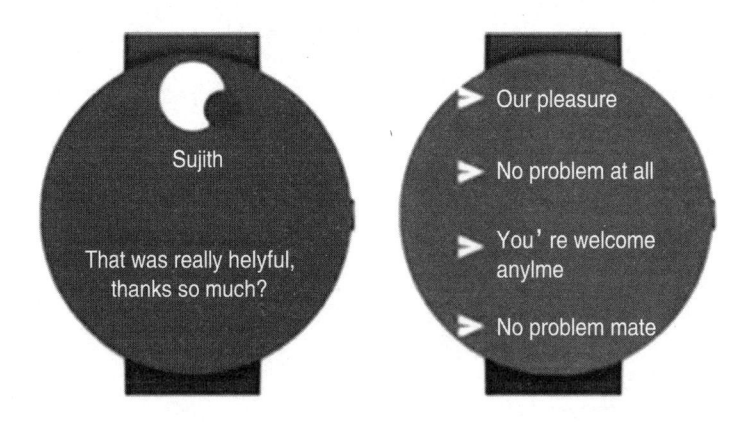

图4-13 Android Wear 2.0手表的智能回复

景中，用户可以使用智能回复，它能够基于用户接收到的信息内容给出智能的回复建议。

按照以往的思路，要实现类似的智能回复功能需要联网，只有基于云端强大的计算能力和数据积累才能实现，就像Siri和微软小冰那样。但该功能是基于离线人工智能实现的，根本不需要接入网络去寻求云计算的帮助。

由Expander研发团队开发的这种便携式机器学习系统使诸如智能回复之类的技术无须连接云便可用于任何程序，包括第三方消息传递应用程序。现在如果你点击手表，可以直接回复正在输入的聊天信息。该研发团队表示："我们从头设计了一套更轻量化的全新机器学习架构，它不仅能驱动Android Wear 2.0上的智能回复，还可以给更多其他离线移动应用带来极大的帮助。"在那之后，开发团队重做了一套思路更简单的系统，它可以将预期回复相似的消息（比方说"你好吗？"或者"过得如何？"）迅速归在一起，以此减轻智能回复给内存带来的压力。接着，系统会通过"半监督图形学习"观察用户的回复习惯、用词相似度及其他因素，借此推测最合适的回复选项。按照研发团队的说法，包括演练过程在内的整套模型都是完全在设备上运行的。智能回复甚至可以模仿用户的谈话风格或进行特殊的偏好设定，带来更加个性化的用户体验。

> **讨论题**
>
> 1. Android Wear 2.0 的智能回复功能跟以往的技术有什么不同？
> 2. Android Wear 2.0 的智能回复功能是如何为用户带来个性化体验的？
> 3. 你认为 Android Wear 未来会有哪些科技发展趋势？

例 4-2　科大讯飞翻译机 4.0

2019 年博鳌亚洲论坛官方采用了科大讯飞的人工智能翻译机，这也是科大讯飞翻译机第二次成为博鳌亚洲论坛官方指定翻译机。

科大讯飞提出了"听得清"（拾音）、"听得懂"（识别＋理解）、"译得准"（翻译）和"发音美"（合成）人工智能翻译四大标准，将神经网络机器翻译、语音识别、语音合成、图像识别、离线翻译以及四麦克风阵列等多项人工智能技术注入小小的硬件，使其能够进行多种语言的即时互译。相比前几代，科大讯飞翻译机 4.0 的功能有了不小的突破。

1. 突破场景限制

科大讯飞翻译机 4.0 对场景限制的突破主要表现在以下两个方面：一

是离线翻译，离线翻译是指在没有网络连接的情况下，翻译机仍然可以进行翻译。例如，当用户身处飞机等没有信号的地方，可以使用离线翻译功能来解决语言障碍。二是翻译记录可以多端同步，翻译原文可以修改。科大讯飞翻译机 4.0 包含了 WiFi、共享热点等五种上网方式实现全球联网；全功能翻译记录和结果均支持手机、电脑等多端同步，便于后续查阅和使用。

2. 突破语言障碍

在最为核心的语言翻译功能上，科大讯飞下了不少功夫。第一代翻译机仅支持汉语普通话、英语、日语、韩语、法语、西班牙语六种语言的互译，科大讯飞翻译机 4.0 支持 83 种语言在线翻译、16 种语言离线翻译、32 种语言拍照翻译；还支持外贸、医疗、金融、计算机、体育、法律、能源等 16 大专业领域的行业翻译；无惧中外口音和方言，可以实现东北话、四川话、河南话、粤语、山东话与英语在线互译；支持粤语、维吾尔语、藏语与普通话在线互译。另外，科大讯飞在语音合成上进行了优化和改进，使机器翻译的音色更加自然优美，可媲美真人。

3. 提升沟通体验

科大讯飞翻译机 4.0 机身轻巧便携，搭配的是 5.05 英寸专业高清显示屏，屏幕更大，显示信息更多，翻译内容更容易阅览。如果与他人面对面跨语言交流，就能开启分屏共享，这时对方讲英语，一半屏幕识别英语原声，一半屏幕直接翻译成中文或其他语种可自动阅读，屏幕朝向也可以自由切换。科大讯飞翻译机 4.0 通过 U 型环绕四麦克风阵列可以在非安静环境下实现即时翻译。翻译机在安静的交流环境下还能开启自动模式，用户在每次说话时，无须任何按键操作，翻译机就能自动判断说话方向，实现智能话语权分配，拿起说，放下译，使得交流过程更流畅高效，从而达到与同语种沟通同样的自然感。

> **讨论题**
>
> 1. 科大讯飞翻译机 4.0 的升级是为了满足消费者的哪些需求？
> 2. 谈谈目前实时翻译产品的成功与不足之处。
> 3. 你认为人工智能技术还能为实时翻译产品带来哪些新的突破？

第 5 章
人工智能与定价创新

引例　人工智能定价时代的来临

如今，很多美国零售商开始引入人工智能技术进行动态定价。例如，史泰博公司（Staples）的一家门店在周边零售店都在降价的时候，其系统给出的定价建议是涨价。该店的经理一开始以为系统出了故障，但人工智能系统的供应商解释称，系统通过对周边居民付费意愿的预估及周边竞争对手价格的判断，预计店里会迎来更多客人，因为他们不愿意为了省钱而排队结账。结果确实如此，即使上调了价格，顾客还是源源不断，并不影响销量。现在，不仅是零售商，其他行业也开始采用人工智能进行价格调控。

第1节　人工智能时代定价策略的变化

一般来说，管理者提升企业盈利能力可通过四个杠杆：销量、渠道、成本和价格。当某个管理者不断提升广告预算以获取更大的市场份额时，他是在拉动销量杠杆；当他通过寻求一种更低廉的方式来获得原材料或精简部门时，他是在拉动成本杠杆；当他拓展分销渠道或精选分销商时，他是在拉动渠道杠杆。然而，很少有管理者会将价格作为同等重要的杠杆。

一、定价是提升竞争力的杠杆

经过多年的发展，中国已从短缺经济转变为过剩经济，企业面临着市场饱和、竞争加剧、产品同质化严重和消费者需求多元化等挑战，常规的定价方式难以奏效。传统的定价方法有三种，分别是成本加成法、竞争导向法、消费者导向法，这些方法都存在明显的局限性，无论是使用哪一种方法，都只能集中关注一个定价因素而忽略其余两项影响因素。好的定价方法应该综合考虑成本、竞争对手和消费者需求这三个因素。[①]

如今，企业面临更多的挑战，更高的生产成本、更激烈的市场竞争、更多元的顾客需求等，通过销量、成本这些杠杆来提升盈利水平越来越困难。研究表明，拉动价格杠杆是提升企业盈利能力最有效的途径之一。沃顿商学院的研究结果显示，如果将一家公司的固定成本削减1%，其他因素不变，公司的盈利水平会提升2.45%；如果将销量提升1%，公司的盈利水平会提升3.28%；如果将公司的变动成本降低1%，效果更明显，盈利水平会提升6.25%；而价格提升1%的效果最大，盈利水平可提升10.29%。[②] 再者，随着物联网、云计算和人工智能等技术的不断发展，海量信息的商业价值被不断开发和利用，并逐渐成为商业发展的一个趋势。企业运用大数据和人工智能技术可以收集更具体全面的消费者信息，如交易信息、地理位置、视频、语音和各种社交工具等信息，并将它们整合起来。企业利用人工智能技术进行分析可以获得深入的消费者洞察，为价格制定与灵活调整提供更有效的指引。

二、创新定价时代的到来

企业要与时俱进地变革定价方法，使之与市场变化相适应，核心思想

[①] Philips R. Pricing and revenue optimization. Stanford: Stanford University Press, 2005.
[②] 拉古，张忠. 让顾客自己来定价. 刘媛媛，译. 北京：中国人民大学出版社，2012.

是在合适的时间对合适的顾客制定合适的价格。比如,电影院在不同的时段、不同的渠道向不同的顾客收取不同的票价就是这种定价策略的简单运用。① 在时装行业,衣服的定价往往比成本高很多,服装店通常在一定的时间里开展促销活动,以吸引更多的顾客。很多情况下,这种活动的效果并没有达到预期,一方面是因为追求潮流且对价格不敏感的顾客不愿意购买促销产品,他们认为那些产品质量不好或者已经过季,这种活动对他们的影响不大;另一方面是因为对潮流不很敏感但对价格很敏感的顾客很难真实感受到这种善意,他们不能及时获悉这种活动,也很难确定这种活动的真实性,这种活动不能最大限度地挖掘这类潜在顾客的消费潜力。

纽约的一家服装零售商 Syms 通过创新定价来进行促销,取得了很好的效果。在其商场内,女装都标有三个价格,第一个是全国统一价,第二个是 Syms 价格,第三个是日后折扣价,这三个价格一个比一个低,而且降价的间隔都是 10 天。也就是说,新装按全国统一价上市,对于热衷时尚且对价格不敏感的顾客来说,可以立即做出决策进行购买;10 天后,对于热衷时尚但对价格有点敏感的顾客来说,可以在这个时候购买;再过 10 天就是对时尚不敏感但对价格很敏感的顾客的最佳入手机会。② 这种自动降价的定价方式因其充分透明化,既能扩大客户群,又能保持较高的销售额。这种创新定价方法的背后其实是对消费者需求的准确洞察,是在收集大量消费者数据的前提下分析和挖掘消费者行为模式的结果。大数据和人工智能技术的发展为创新定价策略提供了技术支持,使定价成为企业提

---

① Shakya S, Chin C M, Owusu G. An AI-based system for pricing diverse products and services. Knowledge-Based Systems, 2010 (4): 357-362.
② 拉古,张忠. 让顾客自己来定价. 刘嫒嫒,译. 北京:中国人民大学出版社,2012.

升盈利水平的重要杠杆。

随着人工智能技术的发展，定价系统模型正在不断更新迭代。以前的模型只能依赖历史销售数据来估算商品价格的弹性，而新一代的 AI 驱动模型已经能够识别不同商品之间的模式和相互关系。定价软件厂商正把客户推文、线上产品评价等新的数据源引入模型。此外，Pricefx 公司在 2023 年 4 月发布了由 Optian 支持的新功能，能帮助公司通过在各种业务环境中实施价格优化，从而提高利润和收入。Optian 功能包括谈判指导、产品推荐、清单价格优化、B2C 货架价格优化、价格瀑布优化等，可以帮助公司确定最佳价格、最佳折扣和最佳返利。[①]

第 2 节　人工智能驱动的定价创新

一、个性化的精准定价

精准定价是为不同的顾客量身制定价格，也就是个性化定价。受传统营销思维模式的影响和技术条件的限制，传统的定价往往是统一价格，即面向所有的消费者制定相同的价格。随着市场饱和、竞争加剧时代的到来，企业要想在市场上运用价格杠杆占得先机，就要转变营销思维，为不同的顾客制定适合的价格。以大数据技术为基础的人工智能可以帮助企业实现这一目标，目前运用得最多的是保险行业。

随着中国经济的快速发展，汽车逐渐进入寻常百姓家，成为现代人出

---

① AITech Interview with Doug Fuehne, Sr. VP of Impact at Pricefx. (2023 - 04 - 11). https://aitechpark.com/aitech-interview-with-doug-fuehne/.

行的普遍选择。但是，不少车主会有这样的疑惑，就是自己开车少且特别谨慎，一年都没有违章，为什么还要交保费。保险公司也有类似的困扰，因此试图让客户缴纳的保费跟他们的风险状况相匹配，提供更有竞争力的价格和服务以吸引更多的客户。然而，大多数保险公司难以判定哪些是"好客户"，无法更好地评估风险，本想让利给更多客户，反而令公司面临亏损。据统计，在我国车险行业，2016年只有14家公司车险承保盈利，有41家公司亏损，亏损总额达到63亿元，行业亏损比例达到75%。精准定价能力的缺失是这些车险公司面临困境的重要原因。[①]

一般而言，车险的风险定价因素由与车相关的信息和与人相关的信息两部分组成。目前，国内车险定价更多考虑与车相关的信息，如车型、车龄、配置等。但是，对风险高低起决定作用的往往是车主本人，长期以来保险公司很少考虑这方面因素，也缺乏此类数据。

依据这一思路，蚂蚁金服成立了专门的保险数据科技实验室，通过与保险公司的合作，广泛引入和挖掘车主相关信息，通过传感技术、车联网技术对驾驶员的操作、汽车运动状态和车辆周围环境等数据信息进行传输和存储。保险公司则通过对驾驶员驾驶过程中种种使用数据的监控，如连续驾驶时间、急刹车频率等，挖掘驾驶员的驾驶习惯、思维方式和行为模式，识别出不同车主的风险水平，建立以"人"为主的多维度定价模型。该实验室还开发"车险分"功能，正是基于这些研究，才能精准描绘车主画像并进行风险分析，将其量化为不同等级的车险标准分，然后根据不同等级的"车险分"对客户实行保费的差异化定价。

---

① 郭家轩. 保险业试水人工智能为车险精准定价. 南方日报，2017-06-01（14）.

2022年3月底，特斯拉 FSD Beta 10.11 更新上线，其中的车险计算器能够为驾驶者计算安全评分，分别对每 1 000 英里前撞警告、紧急制动、急转弯以及强制自动驾驶脱离五项指标进行评估。通过车内传感器收集驾驶者的行为数据，以车主的驾驶记录作为基准，然后将收集到的数据转换为 0 至 100 之间的安全评分，得分高者意味着更安全的驾驶习惯，更不容易出事故，因此将获得更低的车险价格，以实现针对特斯拉车主群体的千人千价。据特斯拉创始人马斯克预计，特斯拉保险未来估值可能达到汽车业务的 30%～40%。以特斯拉当前 9 093.73 亿美元的估值来计算，特斯拉保险业务的理想估值至少能达到 2 700 亿美元左右，远高于我国大部分险企的估值。①

随着越来越多年轻消费者的出现，他们正在成为新能源汽车的主流消费群体，他们具有一定的经济实力、喜欢尝试新鲜事物并强调个性化的要求，也会对基于驾驶行为定价的车险产品（usage based insurance，UBI）接受度更高。因此业内普遍认为，长远来看 UBI 能成为传统车险的补充，但不会颠覆传统车险。国内 UBI 渗透率可能达到 30%～40%，但需要较长的发展周期。②

二、更高效的动态定价

除了精准定价以外，运用人工智能技术还可以实现高效率的动态定价。传统的定价方法一般依靠人工，不但存在主观性强、准确性不高的弊

---

① 车险，特斯拉的利润肥肉？|中国汽车报．（2021-10-22）．https://baijiahao.baidu.com/s?id=1714316399802228839&wfr=spider&for=pc．
② 马斯克改变了世界 特斯拉 UBI 车险能否重塑中国车险市场格局?．（2021-11-15）．https://baijiahao.baidu.com/s?id=1716496673542662278&wfr=spider&for=pc．

端，而且面对成千上万不同类别的产品时，依靠人工定价是一项巨大的工程，尤其当产品要实时适应市场的变化，进行价格调整时，人工定价的低效率会影响企业的销售。如果采用人工智能技术，这些繁重的工作可以自动高效地完成。比如，2017年的"黑色星期五"，亚马逊运用人工智能技术对其28%的产品进行了每天至少一次的动态调价。[1] 据报道，在一年时间内亚马逊上同一款产品的价格波动幅度最高达到260%。[2]

京东是中国最大的自营式电商企业之一，拥有5亿多活跃用户和1万多家活跃供应商，每月产生的对外采购订单超过200万单。同时，京东有百万级的在库商品，24小时为顾客提供服务，商品促销降价时刻在线上发生。依靠人工来调整价格无疑是一项巨大的工程，而且无法快速响应顾客需求和市场变化。京东的"Y-SMART SC"智慧供应链战略是解决这个问题的关键，该系统围绕数据挖掘、人工智能、流程再造和技术驱动四个源动力，形成覆盖商品、价格、计划、库存、协同五大领域的智慧供应链解决方案。它运用运筹学和人工智能模型实现的京东动态定价通过对产品生命周期、促销、行业因素等进行全面分析，使用成熟的算法进行定价。这种定价方法一来可以保证用户享受最具竞争力的价格，二来可以让商家保持健康运营并有效控制库存，三来可以有效提升运营效率，将大量人力从烦琐的重复工作中解放出来。

除了电商行业对动态定价有广泛应用，民用航空行业也开始意识到人

---

[1] Kietzmann J, Paschen J, Emily R T. Artificial intelligence in advertising: how marketers can leverage artificial intelligence along the consumer journey. Journal of Advertising Research，2018(3)：263-267.

[2] 亚马逊、Uber、瓜子二手车为何集体动态定价?. (2019-09-27). https://www.woshipm.com/pd/2920384.html.

工智能技术在定价方面的重要性。动态定价引擎结构可以引入旅客数据、市场环境数据以及实时数据,并基于市场供给、需求信息以及交易上下文信息,在调整动态价格前对用户需求、旅客支付意愿和价格弹性开展评估,再结合航空公司预先定义的业务规则计算价格,最后通过运价搜索和计算系统向旅客返回调整后的价格。人工智能技术可以观察旅客行为、预测想法乃至判断旅客的决策,并有效地针对旅客需求推出相应的产品与价格。[1]

基于人工智能技术的动态定价可以使企业实现收入最大化。研究结果表明,当面对同样价格差距时,消费者会认为人工智能定价企业的蓄意性比销售人员或企业的蓄意性更低,由此会对人工智能定价产生更高的价格公平感知。[2] 也就是说,人工智能定价能够在调整价格的过程中降低歧视定价负面效果。尤其对于年轻消费者而言,他们具有更高的心理逆反特质,更容易认为人工智能定价的价格更加公平合理。因此,企业应在营销宣传中适当强调人工智能定价,从而降低消费者对价格的猜疑。

三、批量化的商品估价

估价是指运用相关模型或算法,根据市场的趋势对商品进行定价的过程。在商业市场上很多时候会涉及估价,比如房产估价、二手车估价、股票估价、古董估价等。现在,估价工作大多由估价师来完成,他们会运用自己的专业知识和经验对商品进行估值。这样纯粹的人工估价有不足之处,一方面,人工估价比较依赖估价人员的专业水平和职业道德,难免受

---

[1] 王中华, 杨永凯, 田松. 民航旅客动态定价机制的分析. 民航学报. 2021 (5): 85-89.
[2] 宋晓兵, 何夏楠. 人工智能定价对消费者价格公平感知的影响. 管理科学. 2020 (5): 3-16.

到主观因素的影响;另一方面,虽然在个案估价中由估价师完成估价没有问题,但是如果估价的对象数量庞大且涉及众多影响因素,会有很大的困难。譬如,让某个房地产估价师对一处房产进行估价不难,但是让他对一座城市的所有房产进行批量估价就十分困难了。① 幸运的是,随着技术的发展,运用人工智能来进行估价渐渐成为现实,越来越多的行业开始运用人工智能来协助估价,并取得了良好的效果。

为了提高竞争力,二手车交易电商优信集团在国内率先推出了"人工智能定价系统"。这套系统由两部分组成。一是建立在数据基础上的曲线回归分析,即车辆残值预测系统,它可算出同一车型价格变化的趋势,即估值。二是由估值进入定价的时候,人工智能派上用场,其操作方法是首先找出定价区间里的"锚点",所谓"锚点"就是类似的车,即具有相同车型、颜色、年份、里程、大概车况的车;然后,由于具体车况不同,继续找出 A 级相似度的车,通过对比当前车与 A 级相似度车的部件损失来计算需要扣除的相应费用,继而还原标准车况;接着,根据不同损失的价格进行相应费用的扣除,从而得到这辆车在车况状态下的恰当估值。优信目前只是把这个系统作为重要的补充方案,认为它可以完成 80% 的工作,人只需做最后的要素调整工作。毕竟,人工智能还没有聪明到可以应对市场供需、政策变化等突发情况。

2017 年年初,优信开始应用"人工智能定价系统"系统对 15 万辆车进行定价,其中用于交易的车辆达 3 万辆,人工智能定价和最终车辆真实

---

① 耿继进. 从估价到定价:大数据时代下的嬗变. 中国房地产估价与经纪,2013 (6).

交易价格的误差小于 5%[1]，这从侧面说明了运用人工智能估价取得的不错效果。

第 3 节　关于价格歧视的反思

差别定价策略是实战中较典型的定价策略之一，是指对企业生产的同一种产品根据市场的不同、顾客的不同制定不同的价格，这在大多数情况下是合理的，只需向顾客说明正当理由。比如，工业用电和生活用电的价格不同，不同渠道购买的飞机票价格不同等。然而，也有一些商家利用信息不对称向不同的顾客收取不同的费用，形成价格歧视。譬如，在传统集市里，通过观察或者聆听对方的口音，卖家可能会向穿着考究的买家收取高出其他客户一倍的费用。[2]

电子商务时代，大数据、人工智能技术让商家能够通过一种更为科学的方法，根据每位客户的支付意愿，实现差别定价销售。以保险业为例，所处地区、信用、收入、互联网浏览记录、生活作息、运动频率、兴趣爱好、上网时长和风险偏好等多维全面的信息将会为对不同的客户制定不同的保险价格提供依据。但是，人工智能成为差别定价的分析工具会不会造成价格歧视？如果某个人收入不高、缺吃少穿，再加上生活环境卫生状况不良，他生病的概率会远远高于生活条件优越的富人。但站在保险公司的角度，穷人应该比富人支付更高的保险金，这是不是一种不公平？今日头

---

[1] 优信 CEO 戴琨：人工智能定价将改变行业格局．（2016-08-01）．http://finance.sina.com.cn/roll/2016-08-01/doc-ifxunuyk4310576.shtml．
[2] 石菲．大数据差别定价公平吗．中国信息化，2016（9）

条创始人张一鸣曾多次在采访中表示技术是中立的，但驱动技术做出决定的指标不是中立的，是由设定它的人所决定的。正如美国经济学家米尔顿·弗里德曼的名言"企业的唯一社会责任是增加利润"所述，人工智能技术的应用提高了效率，但推动它的公司在意的并不只是服务用户，其更在意的是如何使利润最大化。

譬如，优步引进了一套新的计价方式，但多次被司机投诉其车费收入跟乘客所付车费差距太大。优步解释说这是因为新的计价方式与传统按里程、时长等因素计价的方式不同，它利用人工智能来预估乘客愿意为行程支付的最高价格，从而使优步的收益最大化。这意味着对于一段相同长度的行程，如果某乘客的路线是从高档小区到高档商区，要比打车到一个更贫困地区的乘客付更多的车费。通过这种定价方法，有的乘客付费增多，但司机的收入没有变化，多出来的收益全部给了优步。优步的产品负责人丹尼尔·格拉夫（Daniel Graf）称这个计价标准综合考虑了用户接受度和实际行程等因素，没有解释具体是如何计算的。而且，我们知道对价格不敏感的情况不仅仅涉及消费者收入，往往也和是否了解情况、事情紧急与否等因素有关。

人在做决定的时候如受到道德和情感的制约，往往会考虑更多。人工智能根据预先设定的参数自我调整时则不会考虑道德和情感因素，这就是为什么此前面临多次天灾人祸时，优步都自动根据供求比例变化上调了价格，但之后优步运营团队往往通过人为干预取消涨价以平息社会舆论。今天的人工智能还不够完善，当它的目标是利润最大化时，仍不能通过学习判断出有些时候不能涨价，最终优步还得结合人为干预来避免类似情况的发生。也就是说，要解决人工智能定价带来的价格歧视问题，一是要不断完善人工智能在定价中的技术应用，从算法层面尽可能杜绝歧视弱势群体以及不符合人类道德和情感的情况；二是要健全监管制度，采取人与人工智能相结合的方法，实时调整和修正定价中可能出现的各种问题。

例 5-1　大数据是否真的杀熟

2020年12月底，网上突然曝出美团外卖会员杀熟事件。不少用户反映，美团会员与非会员配送费存在差异。美团外卖回应称，配送费差异与会员身份无关，是定位偏差而出现的一时错误。后续美团外卖声称，用户实际下单的配送费会按照真实配送地址准确计算，不再会受到该错误所影响。不过，这种大数据杀熟事件频频出现，屡禁不止，央媒评论"君子爱财，需取之有道"。就在此次美团杀熟风波下，许多网友纷纷用自身经历指出饿了么、京东、携程、天猫等互联网公司都存在杀熟现象。

除此以外，早在2018年，有新华社记者亲测美团酒店价格，发现不同账户存在明显的价格差异；2019年，科技日报也称美团存在大数据杀熟情况。可见杀熟事件早就层出不穷，近年才被大众逐渐重视。

大数据与人工智能技术正被各大互联网公司所应用，其中，美团有较强的动态改价能力，美团旗下的软件后台通过人工智能算法自主深入学习，可以根据价格敏感度对消费者进行分类，对价格敏感度高的消费者会对其设置较低价格，而对于价格敏感度较低的消费者则设置高价格，美团的目的是希望能从消费者剩余角度获取更高利润。其二，美团外卖平台还能够根据消费者使用的手机设备进行定价，以消费者手机设备的价格推测消费者对商品价格的接受能力，从而实现价格区分。例如，消费者若使用苹果手机，出现在其面前的商品价格会高于使用安卓手机的消费者。其三，后台可以根据用户点外卖的频率来判断消费者对外卖的需求程度，消费者点外卖的频率越高，则能判断消费者对外卖的需求越大，那么平台算法就会自动提高商品的价格；而点外卖频率较低的消费者，后台算法则会设置较低的价格来吸引此类人群，以此增加该类型消费者点外卖的频率。其四，新用户注册时美团平台会被请求位置访问权限，后台会根据消费者的居住场所对其区别定价，例如，居住区域的房价越贵，消费者购买商品价格就会越高。此外，由于后台获取用户地理信息途径简单，平台可以根据地理位置来判断附近竞争对手情况，在竞争对手数量少的情况下，会相对地暗中调高商家的商品价格。

> ▶ 讨论题 ◀
>
> 1. 你有过大数据杀熟的经历吗？感受如何？
> 2. 作为消费者，人工智能定价对你意味着什么？
> 3. 在运用人工智能进行定价时，企业应如何平衡商业利益和社会责任？

例 5-2 小鹏汽车车辆保险的人工智能应用

随着车险市场的发展，消费者对于车险的定价需求也倾向个性化。2023 年 4 月 28 日，小鹏汽车宣布与中国太平洋财产保险股份有限公司、中国人民财产保险股份有限公司、中国平安财产保险股份有限公司等八家头部保险公司达成战略合作，发布智能保险服务体系及相关产品，并进一步探索适合智能辅助驾驶汽车的保险保障体系。

此次为小鹏汽车与八家保险公司提供智能车险技术支持的北京宏瓴科技发展有限公司，是国内人工智能技术领域领先的科技企业，其智能保险的优势主要体现在承保、运营、理赔三个方面。

由于传统保险只能提供群体性定价和产品设计，每个用户可选择的产品套餐基本只有几种固定选项。而智能保险在承保方面有着比传统保险全面性的优势，在引入大数据和人工智能等信息技术手段后，人工智能企业可以帮助保险公司通过将驾驶者的车辆信息、驾驶习惯、驾驶技术、行驶路线、车辆运行环境等数据加以分析和建模，设计针对不同人、车辆、场景的个性化定价和产品方案。

基于收集到的驾驶数据，人工智能算法模型可以输出驾驶评分，为保险运营方面提供有利的帮助。驾驶得分与风险挂钩，一方面能够帮助保险公司、车辆运营平台有效识别风险，实现创新产品设计和风险管控；另一方面还能够给予驾驶者一种奖励，从而实现个性化定价，正向引导、鼓励司机坚持良好的驾驶行为，最终实现安全驾驶。

此外，消费者格外关注的理赔方面，基于智能理赔，车主在事故发生后，可更快速、便捷地获得所需的服务。根据实际出险情况，实现车辆快速驶离现场、简免查勘等优质服务；保险公司可迅速协调救援、医院等资源，提高理赔效率和客户满意度。

小鹏汽车的智能保险服务体系呼应了车主需求，在App端可以智能推荐保险方案，车主能一键投保，在线上出单即时生效，另外还有在线报案、智能查勘、预约维修等功能，为车主带来极大的便利。

▶ **讨论题** ◀

1. 人工智能定价在哪些行业具有优势？为什么？
2. 智能车险与传统车险相比有哪些优点？
3. 假如经过人工智能测算，你的生理年龄比自然年龄偏大，导致保费增多，你能接受吗？

第 6 章

人工智能与渠道升级

引例　Amazon Go 无人便利店正式营业

2018年1月22日，亚马逊无人便利店 Amazon Go 在美国西雅图正式营业，宣告新零售的发展步入一个全新阶段。与"无人零售"标签不同，"不用排队，不用结账，没有收银台"成为亚马逊最有力的宣传口号。

该便利店将面向所有使用 Amazon Go 智能应用和登录亚马逊账号的顾客开放，利用人工智能技术，不设置收银台，顾客从店内的货架取出需要的商品后直接走出便利店，便可自动完成支付。便利店要求消费者进入时扫描手机，随后使用摄像机和其他传感器追踪他们在店内购物的路径，在消费者从货架上取下商品时更新虚拟购物车。客户的亚马逊账户在客户选取商品店离开便利店时收取相应的费用。Amazon Go 便利店商品的价格和其他市场基本保持一致，货品包括从小型加油站便利店的商品到大型商店的商品。

Amazon Go 在靠近天花板的地方和货架上布置了数百台摄像机和传感器，自动记录消费者从货架上拿下来放到包里的饼干、薯片和苏打水。消费者走出门店时，系统会自动从他们的亚马逊账户里扣费。如果 Amazon Go 出现了错误，消费者可以用 Amazon Go 的 App 扫一下收据上收费有误的商品条目，去掉收取了费用但实际上没买的物品。

由机器视觉、深度学习算法和传感器融合所主导完成的对店铺内商品和消费者的全识别，给消费者带来结账流程完全自动化的全新购物体验，消费者避免了排队等待结账，同时最大限度地减少了劳动力成本，实现了线下消费渠道的全新升级。

第 1 节　人工智能与渠道设计

一、智能推荐提升用户体验

随着生活水平的逐渐提高，人们的消费观念发生了很大的变化，不再局限于刚性需求的满足，而是追求个性化、便利化的消费体验。消费者在互联网中的搜索、浏览、购买等行为数据积累了巨大的营销价值，通过对海量数据的挖掘，可以细分人群标签，把握消费流行趋势，提供更具针对性的广告投放。比如，阿里巴巴的"电商大脑"为消费者提供了专属"双11"，通过机器学习自动生成千亿的个性化展示。千人千面的服务让消费者发现商家越来越懂自己，更易快速发现自己心仪的宝贝。这种个性化涉及搜索、推荐、猜你喜欢、有好货、店铺、商品详情、问大家、微淘等板块，就连红包、优惠券也会投用户之所好，这无疑大大提升了消费者的购物体验。

在系统后端的智能决策引擎实时自我迭代，每次点击的背后都有海量计算和万亿级智能匹配。这种个性化推荐的算法以机器学习为主，"在线＋实时＋精准"是个性化推荐领域人工智能的关键特点。百度优选是百度旗下全新推出的电商品牌，是以 AI 技术为驱动的新一代智能电商平台。

百度优选的 AI 选购榜功能，通过对比不同产品价格、质量、评价等信息，帮助消费者做出最优的购买决策。面对琳琅满目的商品信息，消费者往往难以抉择，而 AI 选购榜的出现，为他们提供了客观的参考依据。同时，AI 选购榜还可以根据消费者的购买记录和喜好，推荐符合其需求的产品，提高购物满意度。

不仅线上渠道可以做到智能推荐，线下渠道也能运用人工智能技术，给消费者带来更具个性化的服务。比如，深圳的一家连锁水果店里出现了这样一种情景：顾客站在一面"镜子"前面，对着镜子点击，"咔嚓"一声后，一张清晰的人像照片出现在"镜子"中央，四五秒钟后，顾客的肤质分析报告即显示在屏幕上，内容包括肤质、肤色、粉刺、黑头、色斑、泪沟等。同时，还会出现一份根据顾客的肤质健康数据、喜好数据、环境数据推荐的水果列表。这个"智慧魔镜"是和而泰 C-Life 数据与人工智能实验室基于图像识别技术和深度学习算法研发的拍照测肤技术，它不仅能识别人脸五官特征，还能检测顾客的皮肤问题，如痘痘、黑头、细纹、色斑等，甚至可以辨识潜在皮肤问题，如肉眼不易识别、年老后容易演化为老年斑的隐藏斑。水果推荐功能则是和而泰基于 C-Life 大数据综合计算服务平台在数据、计算、服务、知识图谱等方面具备的能力，它综合计算分析顾客的肤质数据、健康数据、环境数据、果品数据，为顾客提供个性化的水果购买建议。再如，星巴克的深焙人工智能系统，是与 Microsoft Azure 合作的成果。配备深焙 AI 系统的咖啡机可以根据消费者的口味、当地星巴克最受欢迎的选择甚至当下的天气状况提供建议。该套系统还能通过一系列复杂算法连接会员账户，分析会员历史订单、消费日期、天气等因素，这样一来，消费者每周去星巴克消费的次数以及喝咖啡的习惯都会被这套系统记录，并由此得到精准的推荐服务。深焙的重点是"建立人情味"，星巴克希望通过该系统创建更智能的客户体验。

二、店址选择与无人零售

对零售商而言，店面开设地点的选择是相当重要的。如果店址选择得当，店家可以拥有优越的"地利"条件，有助于提升经济效益。人工智能技术恰好可用于选定最优的店面位置，通过智能算法的研判，综合考虑地价水平、人口密度、消费能力以及与竞争对手的距离等数据，指导店址的选择。比如，百万书店与德国 Prediction Analytics 公司展开选址合作，后者使用人工智能技术创建包含多个绩效影响因素的建模系统，帮助百万书店快速了解店址的具体情况，并消除先入为主的偏见。当百万书店选中一个店址，并输入 Prediction Analytics 的建模系统时，产生的结果分析与预计情况差不多。Prediction Analytics 可以在一天之内评估数十个地址，或在一周之内评估上百个地址。

人工智能带来无人零售的全新渠道销售模式，利用人工智能技术的优势，结合全球领先的移动支付态势，无人零售作为新零售的实践样本得到了业内极大的关注。无人零售旨在利用视觉识别、传感器融合、深度学习算法等技术，让顾客自助完成选购、结账等操作，实现无人值守。无人零售商店具有非常广阔的市场前景，中商情报网数据显示，我国无人零售市场总销售额由 2016 年的 88.12 亿元增至 2021 年的 282.70 亿元，预计 2023 年无人零售市场总销售额将达 427.59 亿元（见图 6-1）。[1]

---

[1] 无人零售涅槃重生？2023 年中国无人零售市场预测分析. (2022-12-22). https://caifuhao.eastmoney.com/news/20221222195521260243530.

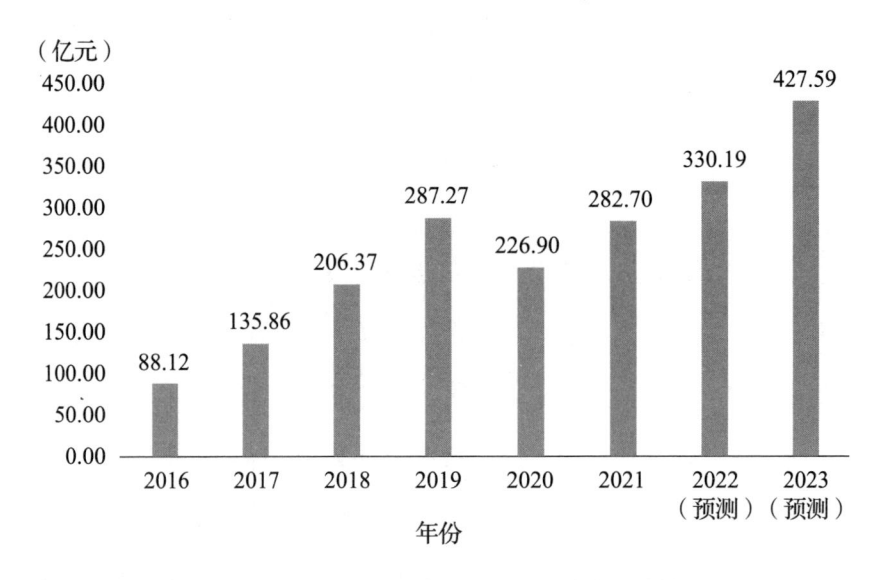

```
（亿元）
450.00                                              427.59
400.00
350.00                                      330.19
300.00           287.27        282.70
250.00                  226.90
200.00    206.37
150.00  135.86
100.00 88.12
 50.00
  0.00
    2016  2017  2018  2019  2020  2021  2022    2023
                                         （预测）（预测）
                     年份
```

图 6-1 2016—2023 年中国无人零售市场规模

  无人零售主要有四种方式：RFID[①]或者条码、自助机器人、机器视觉和多传感器。目前，许多行业开始试水无人零售。比如，"淘咖啡"集商品购物、餐饮于一身，采用人脸识别技术，用户通过淘宝 App 扫码便可进入无人零售店，离店前可通过"支付门"自动扣款；"缤果盒子"和普通的便利店类似，采用人脸识别技术，用户关注微信公众号后便可进入店内，离店时可扫描 RFID 标签完成自助收银；深兰科技"TakeGo"无人便利店需要用户扫描手机进入，并注册掌静脉，用户无须使用手机 App 便可通过快猫机器人跟踪抓取动作进行购买行为识别和商品识别，出门可直接扣款；京东无人超市从 2016 年年初布局，实现了商品"拿了就走"，

---

  ① RFID 英文全称为 radio frequency identification，即射频识别，又称无线射频识别，是一种通信技术，可通过无线电信号识别特定目标并读写相关数据，无须识别系统与特定目标之间建立机械或光学接触。

主要应用了卷积神经网络、深度学习、机器视觉、生物识别、生物支付等人工智能领域的前沿技术，未来将在金融、供应链、物流、商品运营、用户运营等五大方面全面升级，赋能品牌商，通过大数据挖掘搭建一个消费者、品牌商和渠道商交互共赢的新平台。

无人零售不仅可以大大降低人力与运营成本，还能通过各种传感器收集用户数据，基于大数据分析绘制用户画像，并基于用户画像，对消费者进行个性化推送和精准营销，从而大大提升营销效率。①

第 2 节　人工智能与渠道服务

一、线上客服：模拟真人深度交互

随着电商业务的壮大成熟、成交量的高速增长与爆炸性递增的客户需求，电商企业需要运用更加科学有效的客户管理系统来解决复杂的客户沟通问题。传统模式下的客服体系已不能适应新形势的发展，即便增加客服人数、提升人工应答效率，企业仍需要正视大体量业务发展对智能化客户管理的现实需求。

在这方面，人工智能的最大价值在于可以最大限度地模仿真人的思维方式，以更好地为客户提供售前咨询与售后服务，完成与真人的深度交互。伴随着语音识别、自然语言处理等人工智能技术的进步，客服机器人已由以问答为主的第一代发展至综合了深度学习技术的智能客服机器人。得到大数据支持的智能客服机器人可以在场景化模式下，不断提升自我学

---

① 亿欧智库. AI 进化论：解码人工智能商业场景与案例. 北京：电子工业出版社，2018.

习能力，理解客户信息的上下文含义，甚至可以分析口语化问题，辨别问题焦点，为客户提供个性化体验，从而大大提升服务的效率及水平。比如，韩国第一大搜索门户 NAVER 推出的语音识别人工智能程序 LAON，能够通过与人类对话实现信息筛选。消费者查询商品库存时，LAON 联通数据库查明后会给予答复，这节省了电话或人工咨询等待答复的时间。若消费者表示商品"价格很贵"，LAON 会提供多个折扣信息，总结省钱方案，供消费者选择。

京东在机器人客服沟通的"温度"方面做了有益的探索。这种温度的产生需要人工智能看懂、理解甚至感受人类的世界，通过深度学习与迁移学习技术的增强泛化能力，使智能客服不但可以识别人的情绪，还能根据人的情感回答问题。例如，顾客说了一句话，客服可以识别出顾客的语气，从而给出更有温度的回复，让顾客觉得它不是一台冷冰冰的机器。

根据中国信息通信研究院的预测，到 2025 年左右，95％的客服互动将由人工智能技术主导完成。届时，机器人的语义表述和沟通表达能力可达到"以假乱真"的地步。[①]

二、线下服务：深入挖掘消费场景

1. 店铺触控墙

信息搜索是消费者在店内购物时厌烦的一件事，而由人工智能实现的店铺触控墙彻底改变了传统的信息搜索形式。店铺触控墙使用手势识别技

---

① 沃丰科技，中国信息通信研究院云计算与大数据研究所. 智能客服数字化趋势及央国企转型实践报告. 2022.

术，可以用于介绍商店和展示、推荐商品，帮助消费者了解在店内可以买到什么。消费者只需站在距店铺触控墙有一定距离的地方，使用手势进行控制，便可以在触控墙墙体上完成搜索商品、浏览详情、加入收藏、选择购买等一系列行为。此外，触控墙还可以制作成商店橱窗的一部分，吸引更多的消费者。

2. 虚拟试衣

线上购物虽然便捷，但容易产生尺码不合适、质感不好把握、色差等方面的问题。因此，虚拟试衣这项技术在线上得以运用，它通过收集人体形态数据，运用算法进行推理，为消费者打造身材相当的 3D 模特，形象地展示虚拟穿衣效果，减少了退货。

该技术同样适用于线下的试衣体验。一般而言，试衣过程需要 7~15 分钟，这种低效的方式会降低消费者的购买热情。通过虚拟试衣工具，消费者可以在购买前进行各种尝试，通过使用手势与触摸界面，得到穿上所选衣物的虚拟镜像，进行混合搭配，从而做出正确的购买决策。例如，内曼马库斯百货商店的虚拟试衣镜 MemoryMirror（见图 6-2）可以为购物者提供独一无二的视角，试衣者只需在摄像头前旋转就可以看到不同角度的试穿效果。当消费者旋转时，镜子还会拍摄一段 8 秒的小视频，这期间消费者可以轻松选择不同的颜色，与朋友分享，比较多个视频，以做出最优的选择。

这一技术可以提高客户试衣的数量和效率，提升店铺人流的效率，带动更高的购买转化率。此外，店家还可以通过这一技术获取消费者体态、偏好等方面的相关数据，有针对性地制定营销策略与采购计划。

图 6-2　虚拟试衣镜 MemoryMirror

3. 移动支付

近年来，移动支付发展迅猛，在经济生活中扮演着越来越重要的角色。其方便、快速、省时的特点极大地提高了业务流程的效率，已逐渐成为主流的支付方式。人工智能技术开始运用于移动支付领域，支付的便捷性与安全性大幅提升。

在快速支付方面，"刷脸"时代悄然到来。比如，在餐厅，人们即便没带手机和钱包，靠刷脸也能完成支付；在银行，人们即使不带银行卡、身份证，靠刷脸也能取款；完成网上订票之后，不需输入信息，人们刷一下脸就能全部办妥；等等。2018年年底，支付宝推出了一款名为"蜻蜓"的刷脸支付产品，可在超市、便利店、医院、餐厅甚至菜市场等多个场景中使用。只要将"蜻蜓"接入人工收银机，并放置在收银台上，顾客对准摄像头，就能快速完成刷脸支付。顾客无须掏出手机"扫一扫"，支付过程更加快速便捷，这大大提升了消费者的购物体验。

人工智能在支付安全方面有广泛的应用前景。比如，乐刷科技通过人工智能技术对账户进行聚类和关联分析，获取金融服务的需求和精准识别支付清算的风险,这有利于支付机构和企业主资金运营、交易金融等业务的安全。人工智能支付的优势还在于可以提高客户验证的效率,使用"人工智能+区块链技术"可以实现对数字化身份信息的安全、可靠管理,在保证客户隐私的前提下提升客户识别的效率,降低成本。[①]

4. 购物机器人

机器人无疑是人工智能的最佳载体之一,可以同时嵌入机器学习、计算机视觉、语音识别、自然语言处理等技术,从而具备听、看、说等能力,在导购中扮演重要角色。相比工业机器人,实体服务机器人目前处于起步阶段,其主要特征是感知、思考和运动,它们分别形象地模拟了人类的感官能力(眼耳口鼻等)、分析能力(大脑)和行动能力(四肢)(见图6-3)。

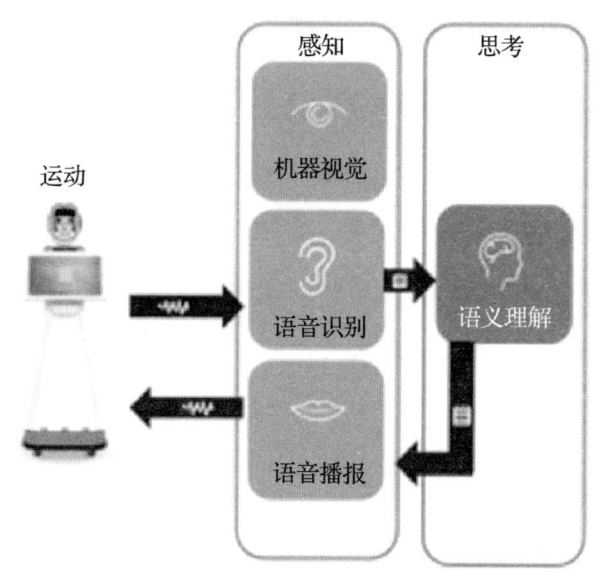

图6-3 实体服务机器人的特征

---

① 乐刷科技推出人工智能解决方案,全力保障支付安全.(2019-04-01). http://www.fromgeek.com/latest/233422.html.

应用于线下实体零售场景的导购机器人可分为以下三类：

(1) 人机交互型机器人

以软银 Pepper 为代表的人机交互型机器人主要出现在零售店中。Pepper 置入了计算机视觉和自然语言处理等人工智能技术，可识别顾客的说话内容、语调和表情。与此同时，它具备相当全面的导购功能。当顾客把需求用语音的形式告诉 Pepper 后，它可以直接带顾客到商品货架前，像售货员一样介绍商品的基本信息。

2018 年 1 月 19 日，重庆的永辉 BRAVO 智能体验超市投入近 20 台人机交互型机器人，它们可跟随消费者一起购物，让消费者在购物中真正解放双手。该机器人能够通过人脸识别技术来识别用户的性别、年龄，以及引路和主动搭讪，还可以运用大数据算法，根据消费者当时的状态推荐产品。当消费者带上特制手环，智能机器人就能跟随他们。智能机器人配有摄像头，基于红外线感应技术，在遇到障碍和紧急情况时，可以立刻停下来。当消费者发出指令"请带我去买桶油"时，机器人会在前面开路，指引消费者到达相应的位置。当消费者不再需要机器人，它可以自动返回充电处，等待下一位消费者的召唤。

(2) 专注导购机器人[①]

有别于 Pepper 这种可进行多种形式交流的机器人，部分机器人专注于导购，其中 Budgee 就是典型的代表。Budgee 能自动跟随顾客走动，"上山下坡"都没问题。它有很大的存放空间，能装载各种商品。用户只需将购物清单发送给 Budgee，它就能分析购物清单并定位商品，规划出

---

① 王亚峰. 人工智能在零售中的应用. 科技中国，2017 (5).

购物路线。不仅如此，Budgee 还能提供购物建议，分析购物车中的商品以及替代商品的一些优惠促销信息，帮消费者省时、省力、省钱。

（3）货架巡逻机器人

上述两种机器人都是为顾客服务的，有些机器人则服务于零售商的管理员。众所周知，超市往往会出现摆错商品价格标签和位置的情况，如果靠人力解决这些问题，任务会非常繁重。针对这一痛点，美国的 Simbe Robotics 公司开发了理货机器人 Tally。Tally 既可以避开障碍，也可以探测扫描。它可根据后台的货品数据，对整个商场进行扫描和分析，了解哪些商品需要补充上架以及哪些商品定价有误或者位置摆放不正确，最终将这些问题反馈给工作人员。通过使用 Tally，店铺可以精减库存，提高销售额，并且削减开支。

从用户体验角度来看，人工智能技术将改变消费者的购物习惯，通过智能化和无人化技术，把消费者从信息搜索、排队等待等烦恼中解放出来，使他们把时间和精力集中在商品挑选和购买上以及获得更佳的购物体验，从而进一步激发人们的消费热情。

第 3 节　人工智能与物流管理

一、智能化仓储优化库存管理

1. 智能化仓储系统的工作流程

在入库环节中，当商品抵达仓库，智能化仓储系统可以使用 RFID 技术进行检验，识别货品的基本信息，并与待入库的信息单进行比对，若达标系统会记录所有的入库信息。最终，全部的入库信息都会被标识为电子便签，从而实现所有商品信息的全程记录。当商品完成入库，智能化仓储系统又会通过 RFID 技术提取商品基本信息，对货品进行智能分库。它凭借最优算法，为商品挑选入库位置，然后由 AGV[①] 将商品运输至选定的储存地点。最后，堆垛机器人根据系统传回的入库指令，通过 RFID 技术明确每件商品具体的货架信息，完成入库操作。

传统的盘点工作是所有仓储工作中最烦琐的部分，需要耗费大量人力成本。对海量数据进行——核对既耗时费力，又易出纰漏。智能化仓储系统可以定期自动生成货品盘点计划，完成大面积作业范围内的快速清点。该系统通过 RFID 技术自动采集指定商品的信息，并生成盘点单据，将商品信息与数据库内的信息进行比对，返回比对结果。若核对正确，系统会将所有信息整合上传至数据库，并实时更新在库信息；若出现差错，系统会弹出具体的错误信息，并继续读取。

智能化仓储系统除进行商品信息的常规盘点外，也会实时监测库存情况。当商品低于安全库存临界值时，系统会发出缺货警报，提示企业及时补货。在过去的人工盘点库存时期，因对库存数量认知不清、个别商品缺货，给企业带来损失。如今，智能化库存盘点可以自动更新各类商品的在库数量，并对每一门类设定数量控制的上下限，便于企业及时补货，也可防止出现货物积压（见图 6-4）。

[①] AGV 英文全称为 automated guided vehicle，指装有电磁或光学等自动引导装置，能够沿规定的导引路径行驶，具有安全保护以及各种移载功能的运输车，也是工业应用中不需要驾驶员的搬运车，以可充电的蓄电池为动力来源。

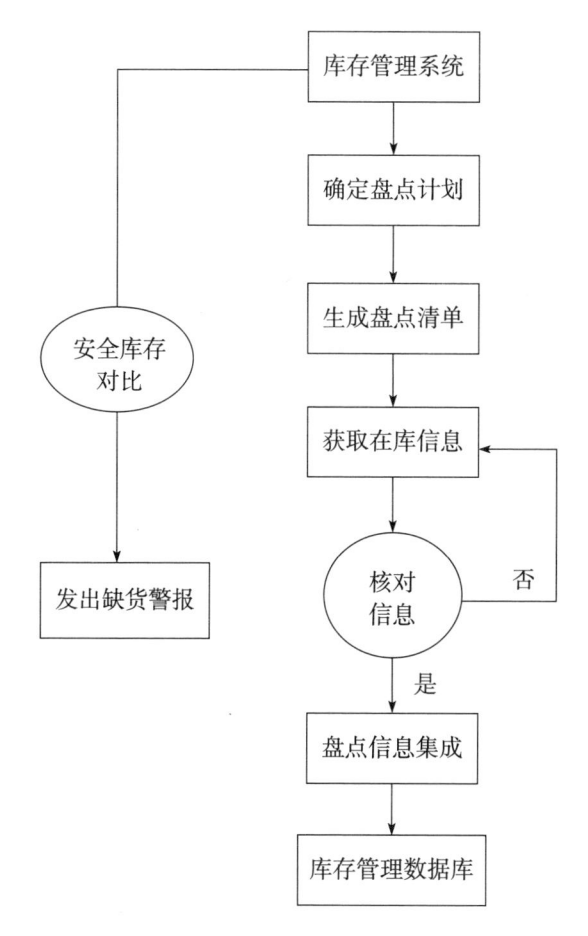

```
                    ┌──────────────┐
                    │  库存管理系统  │
                    └──────┬───────┘
                           │
                    ┌──────▼───────┐
                    │  确定盘点计划  │
                    └──────┬───────┘
                           │
                    ┌──────▼───────┐
                    │  生成盘点清单  │
                    └──────┬───────┘
                           │
   ┌──────────┐     ┌──────▼───────┐
   │  安全库存  │     │  获取在库信息  │◄──────┐
   │    对比    │     └──────┬───────┘       │
   └─────┬────┘            │               │
         │            ┌─────▼────┐    否    │
         │            │   核对   ├─────────┘
         ▼            │   信息   │
   ┌──────────┐       └─────┬────┘
   │ 发出缺货警报│           │ 是
   └──────────┘       ┌─────▼────┐
                      │ 盘点信息集成│
                      └─────┬────┘
                            │
                      ┌─────▼──────┐
                      │ 库存管理数据库│
                      └────────────┘
```

图 6-4 商品智能化盘点流程图

智能化仓储系统还能利用内嵌人工智能的分析算法分析历史数据、市场趋势和可能影响需求的外部因素，从而准确预测需求和优化库存量级，并协助生产同产品的公司进行规划和控制生产。这些分析有助于提高全供应链的效率，以降低过剩库存成本。

当商品出库后，智能化仓储系统会按照出库的已售订单信息，及时生成商品补货清单，并提交给零售门店的库存管理系统。零售门店库存管理系统将根据出库单对商品的补货信息进行核对,若核对正确,便会发送指令至零售门店仓库管理系统,安排商品的智能拣货、理货、出库、补货上架等。若核对错误,则需返回销售管理系统,进行调配安排(见图6-5)。

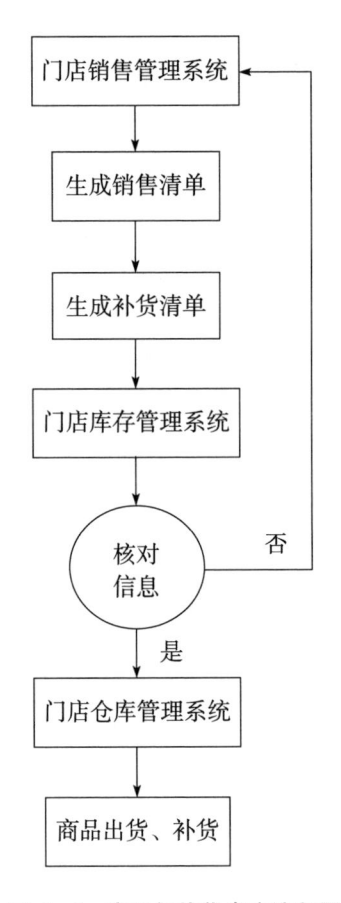

图6-5 商品智能化出库流程图

2. 智能化仓储系统的优点

(1) 实现信息的快速更新,防止牛鞭效应

当供应链中各方信息的互通性不足时,极易导致牛鞭效应,即供应链下游消费需求轻微变动导致上游企业生产、经营安排剧烈波动的现象。当

市场上某种商品的消费需求略微变动时,这种波动会沿着零售商、批发商、代理商和制造商逆流而上,逐级扩大。在到达最终源头供应商时,获得的需求信息和实际消费市场中的客户需求信息会出现很大的偏差,需求信息会被严重扭曲并逐级放大。当牛鞭效应产生时,各层级渠道消化不了过剩的商品供给,会造成货物囤积滞销、库存管理成本提升、资金积压过度等问题。

实现仓储系统智能化后,就可以实时、透明地采集、传输、共享商品的在库、盘点、出库信息,把控商品的切实库存状况,便于制订生产、采购、销售计划,理顺供应链流程,使商品信息的失真率、闲置变损率、成本增长率大大降低,并且能提升商品的补货上架速度,增加货物的流通循环频次,提高企业市场响应的灵敏度,避免牛鞭效应的产生。

(2) 节约人力成本,降低出错率

传统的库存管理工作须人工完成,经过多次入库、盘点、出库,库存信息会变得非常琐碎凌乱,甚至个人失误会造成库存信息不完整或出错,此时需要对库存进行重新盘点。这加大了工作人员的工作量,也降低了库存信息的保真度。智能化仓储系统恰好可以依据商品信息智能分配仓储位置,并实时获取商品库存变化信息,库存管理效率因而得到极大提升。

(3) 营销策略灵活,应对消费需求变化

随着供应链应变能力的提升,商品的闲置率大大降低,补货上架速度逐渐加快。这有利于企业针对产品的实时市场需求及具体的库存信息及时调整营销策略,增强营销方案的针对性与可操作性,提高消费者满意度与忠诚度。比如,气候变化等变量会对供应链产生影响。当寒冷期延长时,人们会增加对御寒衣物的购买频次，这在一定程度上减少了人们添置轻薄衣物的需求，可能导致御寒衣物库存不足和轻薄衣物库存积压的情况。人工智能技术可以利用算法建立天气变量与产品结构之间的关联，从而预判库存储备，帮助企业及时调整营销策略，满足消费者需求，创造可观的销量。

3. 智能化仓库的应用

如今，快递物流行业进入了一个全新的转型阶段，引领这场爆发式裂变的不仅是模式和资本，更是人工智能、云计算等新兴技术。随着技术的飞速发展，越来越多的物流操作被智能化设备所取代。未来机器人、无人机、无人仓的普遍应用将使库存管理更为高效。

沃尔玛正致力于研究无人机库存检查。沃尔玛的配送中心规模巨大，本顿维尔配送中心的面积甚至达到了 11 万平方米。人工盘点库存需要一个月的时间，而无人机一天之内就能完成。沃尔玛同美国联邦航空管理局（FAA）和美国国家航空航天局（NASA）合作研究无人机技术，打算利用安装在无人机上的摄像头以每秒 30 张照片的速度拍摄仓库中的商品。摄像头与控制中心相连，扫描寻找与订单匹配的商品，匹配的商品用绿色显示，不匹配的商品用红色显示，无货则显示蓝色。沃尔玛员工同时在计算机屏幕上监控无人机的工作进程。

京东、菜鸟网络先后启用"物流无人分拣中心""智能机器人仓库"。京东无人仓采用大量搬运机器人、货架穿梭车、分拣机器人、堆垛机器人、六轴机器人、无人叉车等一系列智能物流机器人进行协同配合，通过图像识别、深度学习、大数据应用等先进技术，完成各种复杂的任务。目前，京东已经投入使用的无人仓包括武汉"亚洲一号"小件无人仓、华北物流中心 AGV 仓、昆山无人分拣中心和上海"亚洲一号"三期无人仓等（见图 6-6）。值得注意的是，上海"亚洲一号"三期无人仓实现了入库、储存、包装、分拣的全流程、全系统的智能化和无人化，是全球首个全流程无人仓，智能设备覆盖率达 100%。物流无人化的最大优势是能提高效率、降低成本，京东无人仓的储存效率是传统横梁货架储存效率的 5 倍多。京东物流昆山无人分拣中心的分拣能力可以达到 9 000 件/小时，效率提升了 4 倍，在同等场地规模和分拣货量的前提下，每个场地可节省人力 18 人。①

图 6-6 京东上海"亚洲一号"三期无人仓

二、无人配送解决"最后一公里"

随着传统行业不断与科技碰撞，依赖人力的物流行业正努力从劳动密

---

① 李心萍. 人工智能＋物流快到家. 理财·经论版，2018（3）.

集型向技术密集型转变，从传统模式向机器人智能物流升级。伴随着电商的发展，快递包裹量在不断攀升，统计数据显示，我国快递已进入单日亿件时代。随着包裹量的持续增长，物流行业需要思考如何为未来的日均10亿件包裹时代做好准备，这使得机器人代替人力成为必然的选择。

物流的各个环节都有人工智能技术的身影。2017年6月18日，京东在中国人民大学完成首单无人配送。京东无人配送机器人配备了多个视觉传感器和雷达，可以通过生成视差图等方式构建外部的三维环境，检测障碍物的大小和距离等，还可根据调度平台发出的命令，对目的地进行路径自主规划，寻找最短线路并规避拥堵路段。在行驶过程中，如果遇到车辆、行人等障碍物，无人配送机器人可以主动停车或绕路行驶。无人配送机器人也可以对交通信号进行识别，在十字路口判断红绿灯并做出相应决策。在即将到达目的地时，无人配送机器人会通过京东手机App、手机短信等通知用户收货，用户到机器人前输入提货码就可以打开货仓，取走包裹。

阿里巴巴旗下的菜鸟网络推出了新一代无人送货机器人小G。小G可以根据景物识别结果和地图定位情况，通过内置算法变更已有路线。此外，小G还能根据目标配送点的分布情况，灵活调整配送顺序，实现最高效迅捷的配送。作为新一代智能配送手段，一些机器人通常具备额外的技能。例如，云迹科技和美国Savioke的服务机器人可以通过无线连接与建筑物内部的电梯控制器通信，加上智能感知功能，它们可以自动乘坐电梯到目标楼层。菜鸟小G还可以根据电梯里的拥挤情况主动放弃乘坐。申通快递的智能分拣机器人则具备自动快充能力，当检测到电量不足时，它们能自动找到预先设定好的电源快速充电。另外，一旦货物被盗或者自身发生故障，这些机器人会实时发出警报，比如京东的无人配送机器人就可以通过总控台的实时监控和位置查询保证配送的安全。

例 6-1　京东的智慧供应链

2016 年 11 月 24 日，京东宣布正式成立京东 Y 事业部。该部门以服务泛零售为核心，着力打造智慧供应链。Y 事业部运用人工智能技术打造的销量预测平台将销量精细化预估至每个商品单元，帮助京东自营管理人员制定商品销售策略和备货计划，将用户想买的商品提前送到就近的仓库。

基于大数据的销售预测是供应链管理的源头和基础能力，据粗略测算，1% 的预测准确度提升可以节约数倍的运营成本。围绕供应链人工智能平台，Y 事业部持续推进智能库存管理、智能定价、智能促销等模块在京东自营零售管理中的应用。

京东与品牌商共享数据，开展联合预测，实现供应链方面的协同努力。当前，京东可以用数据预测单个商品未来 28 天内的销量，从而提前把商品储存到仓库，等待消费者购买。

以图书为例，目前京东用 12 位图书采销人员管理几十万 SKU[①]，这些 SKU 全部自营，需要完成采购、入仓、补货、运营等工作。以前，这样的工作大概需要几百位采销人员来完成，通过人工智能则可以极大地提升效率。目前，京东商城约 300 万（占比约 50%）的 SKU 已经实现人工

[①] SKU 英文全称为 stock keeping unit，即最小存货单位。

智能采销，尤其在图书、快消类目上，几乎全部实现系统自动预测、补货、下单、入仓、上架。京东几百个仓之间的货品调配和所有指令全部由机器下单。未来采销业务的人工智能应用将成为大趋势，普及全平台。据京东 Y 事业部负责人介绍，一个成熟的采销人员面对 100 个 SKU 已经是极限，就图书这种上千万 SKU 的品类来说，人力采销意味着极其庞大的团队和成本。

2020 年 11 月 Y 事业部正式发布供应链智慧协同平台，这对整个供应链行业来说是一次重大的变革和进步。该平台目前还是以自营供应商为主，通过协同供应链的各个环节，实现了供应商与京东之间的无缝对接和数据共享，提升了供应链的效率和质量。其次，该平台采用了先进的技术和管理模式，通过数据分析和预测等手段，帮助供应商更好地了解市场需求和产品趋势，提供更符合市场需求的产品和服务。同时，该平台还提供了供应商管理、订单管理、库存管理等功能，帮助供应商更好地管理自己的业务。此外，该平台还提供了一系列的培训和支持，帮助供应商提升自身的能力和水平。

智慧供应链的核心在于基于精准场景和海量数据的人工智能深度挖掘，通过深度学习，针对决策目标建立计算机模型，从而给出计算结果，指导电商整个产业链的运转。京东的优势在于平台上有数千万 SKU 商品和海量订单，涵盖图书、3C、服装、快消、生鲜等诸多品类，且大量的商品均采用自营模式。未来的零售方向是依据需求驱动供给，背后考验的则是供应链能力。只有智慧供应链才能真正感知和预测用户需求、习惯和兴趣，从而指导产业链上游的选品、制造、定价、库存以及下游的销售、促销、仓储、物流和配送。

讨论题

1. 京东为什么要布局智慧供应链?
2. 人工智能在智慧供应链中起什么作用?
3. 你认为实现智慧供应链的难点在哪里?

例6-2 丝芙兰数智化服务未来概念店[①]

AI试妆、智能肌肤检测等新兴AI项目正在成为美妆零售商争相拓展的服务。作为高端美妆零售代表渠道之一,丝芙兰(Sephora)正在将这幅未来图景落地成为现实。2023年6月6日,全球高端美妆零售商丝芙兰于上海核心商圈南京东路步行街盛大揭幕中国首家未来概念店。

数智化服务升级是这家丝芙兰未来概念店与其他美妆零售店最为不同的地方,它直接改变了线下零售门店吸引客流停驻的底层逻辑,让体验取代销售导向,使门店化为与消费者接触的其中一环,而非终点。丝芙兰进行了多触点升级,打通了从前端选品、门店导览体验,到会员服务、快捷下单的全链路消费者运营闭环。

在逛店之前,消费者可以通过丝芙兰微信小程序/App,一键直达门店导览,了解丝芙兰上海未来概念店的新鲜资讯。

在店内,丝芙兰根据不同的功效品类进行划分,分门别类地设置了一

[①] 耀在未来,丝芙兰中国首家未来概念店亮相上海.(2023-06-09). https://www.ellechina.com/beauty/beauty-news/a44136691/sephora-shanghai-2023/.

个智能推介区域，配备 NFC 感应技术，消费者将产品在感应区内一放就可以通过电子屏幕直观了解到产品详细信息，涵盖价格、成分功效介绍、消费者评价等（见图 6-7）。

图 6-7　智能推介区域

护肤方面，丝芙兰推出了独家开发的肌能管家装备，基于多光谱深层检测、人工智能分析、成分科学，为消费者提供量身定做的肤质检测报告。在人工智能分析报告的基础上，消费者可以通过与美容顾问的一对一咨询找到最合适自己的产品。

妆容方面，丝芙兰配备的"AI 玩妆"设备运用人工智能技术分析人脸特征，并结合大数据推荐个性化妆容风格与产品。同时，消费者也可预约体验由专业美容顾问提供的 15 分钟局部妆容服务或上海未来概念店首发的 60 分钟全妆定制服务。

消费者还可以随时联系配有移动支付设备的美容顾问，一站式完成下单，免排队、更省时。另外，通过新店限定的语音卡包装服务，消费者可录制专属祝福语，并为卡片喷上自选香氛，令甜蜜心意"听"得见。

> **讨论题**
>
> 1. 丝芙兰未来概念店的营销亮点有哪些?
>
> 2. 人工智能在这个运营闭环中扮演了什么角色?
>
> 3. 你认为这家概念店还有哪些可以改进的地方?

第 7 章

人工智能与营销传播升级

引例　AI助力营销全链路升级

随着AI技术逐步走向深度媒介化，从消费者分析到内容创作再到广告分发，人工智能与营销的全链路结合大大拓展了营销的可能性。在营销市场激烈竞争、营销现象层出不穷、消费者审美疲劳的今天，人工智能营销正在成为品牌有效增长的重要抓手。

作为AI营销领域的前沿平台，百度营销以强大的平台资源整合能力、多方位的AI技术服务力为基础，与品牌主、代理公司携手在实战中探索营销新玩法，沉淀营销新智慧。自2018年以来，百度推出一年一度的百度AI营销创想季，寻找创意与技术动态平衡的结合点，探索营销玩法的最大边界。

在2021年的百度AI营销创想季中，纯电汽车品牌smart充分利用百度的AI赋能，提出"smart AI音乐共创"计划。品牌基于百度的全域洞察工具"百度观星盘"，对目标人群画像进行分析，充分把握用户的兴趣点，明确smart的粉丝是一群热爱音乐、关注科技、走在潮流前端的年轻人。同时，通过百度App、百度地图两大渠道，利用AI算法进行自动化的广告定向投放，确保营销活动的传播力度，吸引用户下载smart App，并上传声音参与活动。上海、深圳、北京的胶囊快闪店通过"AI song"互动装置收集声音素材，集合不同圈层、职业、地域年轻人的声音灵感作为创作基础，利用百度大脑 7.0 的深度学习能力，进行语音识别、语音合成、编曲学习，合成产出不同风格的乐曲后，邀请知名音乐人演绎，由此推出 smart 品牌之歌《无你不明天》(future, anyone?)。

2022 年，品牌又推出了第二季"smart AI 绘画共创"活动，在用户提供的文字和图片的基础上，百度文心大模型对素材进行艺术处理。以线下旗舰店承载画廊功能，展出人机共创作品，并依托百度数字艺术品发行平台，将作品打造为独一无二的 NFT 数字艺术藏品。共创活动与品牌官方旗舰店、smart App 构建起集出行、社交、生活、共创于一体的用户数字生态系统，也让 smart "科技与艺术"的品牌形象更加深入人心。

人工智能与营销传播的融合给行业发展带来新的动力，人工智能驱动的营销传播更智慧、更精准、更有趣，对消费者更加友好，因而具有更高的效率和更好的效果。同时，人工智能把营销人从简单重复的劳动中解放出来，使他们有更多的时间去从事那些需要更多创意的战略性工作。下面将从广告、公关和促销三个角度阐释人工智能技术在营销传播中的应用。

第 1 节　人工智能驱动的广告升级

人工智能正在给广告业带来颠覆式的改变，具体而言，这种改变主要包括五个方面，即广告创作自动化、广告形式互动化、广告投放精准化、广告代理智能化以及广告监测机器化。

一、广告创作自动化

根据咨询机构高德纳（Gartner）预测，到 2025 年，AIGC 占比将达到 10%。另外，广告营销行业 22 个专业中的 12 个、19 个职业中的 11 个被替代的比例超过 50%。相比更加纯粹的音乐、电影和其他艺术或娱乐形式，广告对于创造型人工智能来说是更加完美的孵化器。它可以通过大数据驱动量化结果，当拥有一个可衡量的结果给艺术打分时，算法可以很容易地分辨出什么是有效的、什么是无效的，然后对此进行调整，进而改善自己的表现。在广告这样更贴近商业应用的领域，人工智能能够带来高效率、低成本和对用户的精准判断。

那么，人工智能是如何创建广告信息的？下面将结合若干典型案例，从文案、设计、视频和创意四个方面探讨人工智能创建广告信息的逻辑。

1. 人工智能与广告文案

2018 年 6 月，阿里巴巴旗下的阿里妈妈在戛纳国际创意节上发布了一款"AI 智能文案"产品，可以结合淘宝、天猫的海量优质内容与自然语言算法，基于商品自动生成高品质文案，速度可达到每秒 20 000 条。这些文案包括"抗皱滋润眼霜，年轻从第一眼决定""小小的收纳，大大的心机""眼线画得好，胜过开眼角""大吸力吸油烟机，让厨房自由呼吸"等。AI 智能文案还可以提供多种写作风格，如描述型、特价促销型、搞笑型、暖心型、古诗词型等，应有尽有。而且，它支持随意选择长度，根据用户的要求，不论是短句的标题还是长句的产品描述，都能信手拈来。尤其难得的是，作为一款深度学习逻辑下的产品，AI 智能文案保持实时在线学习，通过不断增加的优秀文案样本，提升自身的文案产出能力，满足用户的需求。AI 智能文案学习的样本主要来自淘宝和天猫，达人和商家的海量内容都是它学习的对象，经过机器学习，这些内容转化成文案产出，供商家使用，形成良性循环。对于商家来说，一部分文案工作可以交给它来完成，并且工作模式大大改变，写一个文案变成了做一道选择题——人类从机器生产的多个文案中选出最适合的一个，效率大大提升。

生成式人工智能的出现进一步提升了文案撰写的智能水平，文案的对象不再局限于特定的商品，这给广告制作者提供了技术之外更多的创意空间。2023 年 4 月 The North Face 重启户外 100 公里越野跑挑战赛，营销概念从"为什么我们要越野跑 100 公里"升华到"为什么我们要继续跑下去"这一关于人类运动的哲思。The North Face 将问题抛给 ChatGPT，生成 10 000 个重回山野的理由，组成了密密麻麻的文案矩阵。在震撼之余带给观者一种反思，人工智能给出的答案正是人类积累下的经验，无论答案是什么，真正重要的是我们用自己的脚步丈量生活和自然。在文案领域，人工智能不再仅仅以其生成的内容呈现在公众面前，更作为一种独立的存在促成人机之间的对话。

同时，生成式人工智能也推动了专业文案写作的发展。2023 年 5 月脸书母公司 Meta 宣布，将人工智能沙盒（AI Sandbox）嵌入产品组合当中，面向部分广告客户推出数项由人工智能驱动的新工具和服务，以帮助其有效地构建广告并改善广告效果，其中文本工具可自动生成多个版本的广告文案以供广告主选择。

2. 人工智能与广告设计

20 世纪 70 年代，艺术家哈罗德·科恩（Harold Cohen）就开始尝试编写电脑绘画程序 AARON，被公认为计算机艺术的开始。2017 年阿里巴巴人工智能设计师鲁班（后改名为"鹿班"）在"双 11"一天之内，为用户量身定制了 4 亿张海报，真正实现了淘宝横幅广告图片千人千面。鲁班经过一定的训练，能自己搭建设计框架，添加设计元素，并生成设计图片。最终，还能根据图片的点击率以及人类设计师对图片的评分，自动学习图片的效果反馈，进行设计优化。

2023 年"双 11"，淘宝在万相台无界版中推出万相实验室，作为电商领域的 AI 创意生产工具（见图 7-1）面向全行业商家免费开放。商家上传产品图，进行商品元素抠图处理，选择不同标签的模特、场景，就可以零成本适配虚拟模特（见图 7-2），30 秒批量生成商品图。安踏、粒子狂热、欧舒丹、VERMO、恣无 ZIWU 等 500 多个商家，都在积极尝试通过万相实验室优化产品上新链路。

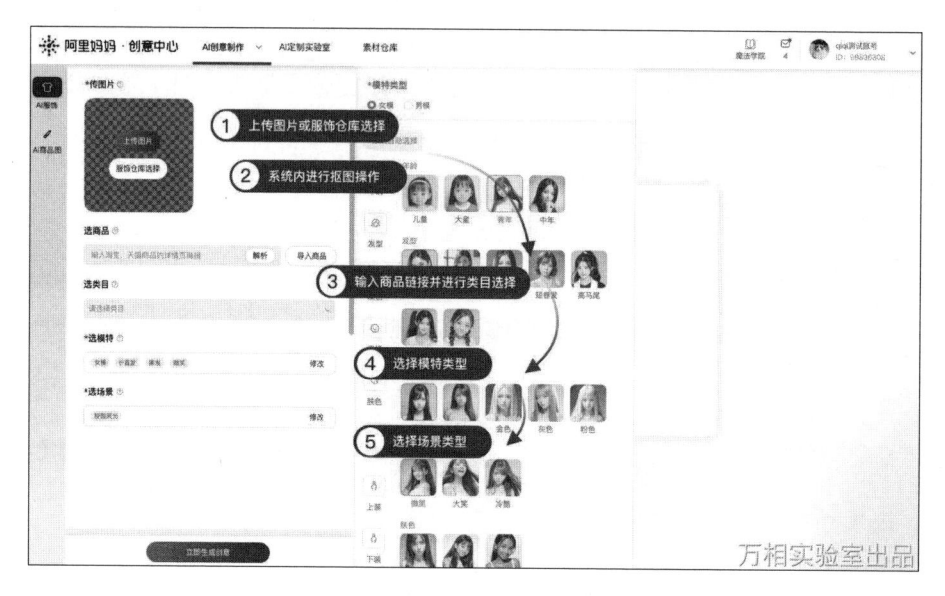

图 7-1　万相实验室 AI 创作生产工具操作页面

图 7-1　万相实验室 AI 创作生产工具操作页面（续）

图 7-2　VERMO 在万相实验室生成的虚拟模特

计算机领域深度学习方法的突破，使数字绘画技术得到了大幅提升，加之 AI 绘画工具 Midjourney 和 Stable Diffusion 免费将语言描述转化为图像的惊艳效果，人工智能绘画成功破圈。就像 19 世纪摄影对传统绘画的颠覆，AI 绘画对于数字绘画的冲击也不可小觑。AI 绘画以低门槛、高效率、脑洞大的特点，快速参与到广告视觉创作的环节当中。

例如，2023 年 4 月，麦当劳特别呈现了一组别出心裁的 AIGC 宣传广告——"M 记新鲜出土的宝物"，这些宝物由麦当劳与消费者、粉丝联手运用人工智能技术创作而成。这些作品不仅汇聚了麦当劳的经典元素，同时融入青铜、白玛瑙和青花瓷等象征中国传统文化的元素，使得每一件宝物都富有深厚的文化内涵。这一创新性项目不仅向公众展示了麦当劳的招牌产品，更通过与中国文明的联动，增进了消费者与麦当劳之间的感情。这些以中国传统文化为背景的"M记新鲜出土的宝物"，以独特的创意和精美的制作赢得了消费者的广泛好评，进一步增加了消费者对麦当劳产品的好感。①

2023年五一前夕，国内旅游出行服务平台飞猪在上海、杭州两大城市的地铁投放了一组由AI创作的海报。14个全球旅行目的地和多种风格，通过AI展现出"酷"和奇妙。

亨氏在"画出一瓶番茄酱"的传统艺能表演上，首次使用AI绘图软件DALL-E。在AI一番操作之后，亨氏满意地发现，哪怕在人工智能的世界，番茄酱也依旧只有一种：那就是亨氏的模样（见图7-3）。

图7-3　AI绘画创作的番茄酱

---

① 戴晓东，李桂华. AIGC能为品牌营销做什么?. 企业管理，2024 (1)：111-114.

不少品牌都在利用 AI 绘画升级产品包装。比如王老吉定制罐以中国风为主题，将文化意境融汇于国潮风格的设计中，为消费者带来良好的审美体验。

3. 人工智能与广告视频

视频是人们喜爱的信息承载形式之一。智能匹配视频素材、自动剪辑、抠图、换脸、画质优化等人工智能技术正在改变视频制作的格局。2023 年 3 月，可口可乐发布创意视频广告《杰作》(*Masterpiece*)，将可口可乐与跨次元的艺术现实连接在一起，博物馆名画中的人物突破画布的束缚，在不同的艺术世界之间传递可口可乐。这则广告采用了 AI (Stable Diffusion) ＋3D＋实拍的形式，开篇先是实拍主人公在博物馆的场景，主人公因为创作思路枯竭，十分沮丧。镜头一转，一瓶可口可乐，让《戴珍珠耳环的少女》《沉船》《阿尔勒的卧室》等名画产生互动，传送可乐。不管是可口可乐瓶子的变化，还是名画中人物的动作，经过人工智能的处理都变得顺畅起来。最后，可口可乐落到了主人公的手里，喝过之后，主人公瞬间灵感迸发。① 天马行空的故事与人工智能作品的风格完美契合。在视频的制作中，名画人物互动使用了真人镜头、数字特效和生成式人工智能的结合，呈现出极其震撼的画面效果。

2023 年 8 月，广告公司 Lift 为花生酱品牌 Gary & Bary's Peanut Butter 制作的 30 秒视频广告（见图 7-4），被认为是第一个全流程人工智能视频广告。视频导演运用 Midjourney 生成图片、Runway 和 Pika Labs 生成视频、Topaz 提高清晰度和连贯性，四个 AI 软件相互配合。视频中几只小

---

① 李一长. AIGC 崛起，品牌营销又该换玩法了. 国际公关，2023（15）：47-48.

狗清澈的眼神中流露出对花生酱的渴望，虽然画面内容较为简单，刻意避免了一些人工智能处理的短板，但是画面清晰流畅，足以以假乱真。一句提示词就能生成一个可以选择风格的视频，AI 视频大大降低了视频广告的拍摄成本，解除了广告视频拍摄的限制。可以预见，AI 视频将会成为广告视频发展的必然趋势。

图 7-4 Gary & Bary's Peanut Butter AI 视频广告

4. 人工智能与广告创意

创意是广告的灵魂，也是营销活动的重要因素。当人们都在担心人工智能时代许多工作岗位会被机器人取代时，创意工作由于对思维的极高要求，被认为是最不可能被机器人取代的工作。殊不知，现在深度学习算法已经十分成熟，以至连创意作品都能由机器人完成。

日本麦肯公司（McCann）在 2016 年 4 月任命人工智能机器人 AI-CD β（见图 7-5）担任创意总监，AI-CD β 被称为世界上第一个人工智能创意总监。它通过拆解、分析包括全日本放送联盟广告节 10 年来所有获奖作品在内的大量电视广告，挖掘优秀广告的构成要素，结合相应的逻辑算法，为产品提供具有针对性的广告创意指导。此外，AI-CD β 会在广告播出后分析广告效果，以总结经验。

图 7-5　世界上第一个人工智能创意总监 AI-CD β

2016 年 6 月，AI-CD β 与仓本美鹤（Mitsuru Kuramoto）一同为亿滋旗下的口香糖品牌 Clorets Mint Tab 设计电视广告，需要表现出"即刻清新感受，持久 10 分钟"的产品特点。仓本美鹤的作品是典型的日式小清新风格。一名女子吃下一粒口香糖后，神清气爽，深呼一口气，在巨大的画布上用毛笔写出"清新持续 10 分钟"的字样（见图 7-6）。人工智能 AI-CD β 走的是魔幻路线。一条穿着西装的"上班狗"吃下一粒口香糖

图 7-6　仓本美鹤的创意作品

后，瞬间活力十足，飞上了天，还拿着秒表掐时间，表明这种神奇感觉的持续时间长达 10 分钟（见图 7-7）。两份作品被匿名放到网上由网友评判，最终仓本美鹤以 54% 的票数险胜人工智能机器人。人工智能创意总监的出现意味着技术和创意的边界被打破，标志着人工智能的发展达到了一个新的高度。

图 7-7 人工智能 AI-CD β 的创意作品

2018 年，雷克萨斯投放了第一则完全由人工智能编写的广告。这则富有戏剧感的 60 秒广告讲述了一款汽车的故事，标志着雷克萨斯新款 ES 轿车的上市。广告一开始讲述的是一名雷克萨斯工程师对他所创造的作品倾注了很多心血。当他的汽车被带走，并面临毁灭的威胁时，他目送它，泪流满面。这辆车行驶在风暴肆虐的泥泞道路上，按照规定接受碰撞测试，该测试正在进行电视直播，与此同时它的创造者也在忐忑地观看这一幕。最后，这辆车的自动紧急制动系统使它逃离险境，工程师和他的女儿高兴地拥抱在一起，此时还能听到心跳的声音（见图 7-8）。

这则广告的剧本由 IBM 的人工智能机器人沃森创作。研发团队让沃森学习了近 15 年获得过戛纳国际创意奖的电视广告。为了不让创作太公式化，除了汽车广告之外，团队还投放了其他奢侈品牌的广告。视觉深度学习算法通过收集物体、位置、动作和情感方面的信息，建立起一套可供使用的镜头类型目录。另外，团队还让沃森接受了基于澳大利亚新南威尔士大学应用科学系 MindX 数据的情感反应信息。一群人被要求观看一些汽车广告，其每个时刻的感受将被记录下来。研究人员对这些人进行一系列的刺激以观察他们对哪种意象、情境、声音的反应最好。此外，为避免产生陈词滥调或缺乏品牌独特性的风险，人工智能的训练数据还加入了雷克萨斯品牌形象和项目指南等数据，以保持脚本的原创性和品牌排他性。

图 7-8　雷克萨斯投放的由旧 M 沃森创作的汽车广告

综上所述，在传统广告中，大量的创意和素材均通过人类思考制作，制作周期会比较长。同时，由于生产力的桎梏，有限的作品无法满足不同用户的兴趣爱好。人工智能可对已有的大量素材进行整合和分析，在短时间内迅速根据不同目的生成大量不同形式和内容的广告作品，这大大缩短了创作时间，同时增加了用户兴趣，提高了用户点击率和转化率。

毫无疑问，广告界各种人工智能自动化工具的诞生已经让广告人产生危机感。随着人工智能技术的进一步发展，会出现越来越多让人惊艳的产品。人工智能打破技术和创意边界，给广告创作带来更多颠覆是可以预期的事情。不过，机器人目前只能根据模板进行广告创作，缺乏灵魂，广告作品的审美高度还达不到人类的水平。机器并不真正懂得什么是美，审美是人类独有的东西，很难用技术语言解释，也很难赋予机器。这是因为审美缺少量化的指标，审美能力不是简单的规则组合，也不仅仅是大量数据堆砌后的统计规律，而是一种跨领域的综合能力，与个人经历、文史知识、艺术修养、生活经验等密切相关。[①] 人类的创作灵感来自对开放世界的认知和长期的自我思考。因此，人工智能想要在广告创造力上超过人类，还言之过早。

可以确定的是，人工智能可以完全替代广告领域初级的重复性机械工作，内容创作的理念、思路和精髓则需由人来把控。未来的广告人进行何种定位成为一个越来越紧迫的问题。人工智能擅长计算和学习，而人类擅长创造。未来几年，广告设计师、创意人和文案写手应当充分利用人工智能技术，把自己从繁重的重复性工作中解放出来，把注意力集中在自己擅长的领域，以更高的效率创造出更好的广告作品。

---

① 李开复，王咏刚. 人工智能. 北京：文化发展出版社，2017.

二、广告形式互动化

在数字媒介环境下，受众每天都要接收大量冗余的广告信息，由此会产生规避机制，排斥混杂在视线范围内的过多广告。因此，以恰当的方式传递有效的产品和品牌信息是提升广告传播效果的关键。避免信息单向线性传播的重点在于加强广告的互动性，让受众成为广告内容的掌控者，发挥自身的主动性，与广告一起"玩起来"。人工智能技术赋予广告更多互动性特征，使其可对话、可参与、可体验，重塑了受众对广告形态的认知。

人工智能通过与受众进行语言层面的交互，利用语音判别、语音合成、语义理解等智能语音识别技术，让广告完成人机交互。将智能语音技术应用到广告互动当中，不仅能使受众在观看广告的同时参与到信息表达之中，提升品牌的认知度，还能够将声音作为与消费者进行情感联结的重要纽带，加深品牌的好感度。比如，对于一个 30 秒的视频互动广告，可以在广告播放至第 5 秒的时候，通过语音询问用户一个问题，用户可通过麦克风等设备回答，如回答正确、可自动跳过该广告，节省用户的观看时间。换一个角度看，用户如想回答正确，就必须认真观看广告内容，并形成从看到想的思维回路。这样用户会更加关注广告内容，达到广告投放的目的。

科大讯飞结合丰田品牌特色和丰田致享产品定位，在受众分析的基础上，与科大讯飞"方言保护计划"相结合，为丰田致享量身定制"小城青年欢乐多，魔性方言评级考试"创意语音 H5 智能互动广告。其中，融入 21 种方言，评级考试的形式大大提升了 H5 的互动性和趣味性。用户选择一种方言开始挑战后，H5后台会通过语音识别判断用户的方言水平，再通过语音合成，在向用户演示该方言标准读音的同时植入品牌信息，最后在评级页面再次植入产品，强化品牌信息。有趣且丰富的方言评级考试激发了用户挑战的积极性，并在不同地区掀起了方言文化热潮，以受众喜闻乐见的方言话题带动了品牌的传播，有效提升了品牌声量。

人工智能对自然语言理解能力的提升，为人机交互带来全新的形式，极大地提升了用户进行 AIGC 创作的热情。在如今的广告生产方式之中，广告主与用户进行内容共创，是增强消费者信任度、参与度的有效做法。比如在 2023 年天猫超级品牌周，天猫线上收集用户对家的想象，通过 AI 技术生成充满艺术和趣味的居住空间，勾勒出消费者理想家装的画面（见图 7-9）。以此为契机，天猫将海尔品牌旗下产品植入充满想象的画面中，在 AI 生成的图片中既完成了产品的披露，又构建了和谐的美感。

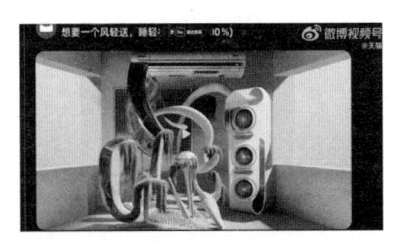

图 7-9 天猫超级品牌周 "智造家的万种想象"

通过第一视角带领用户沉浸式穿梭体验，不仅点题"智造家的万种想象"，也是广告与用户互动领域的一次全新探索。又如，小度智能音箱依托百度对话生成网络PLATO-2，具备"闲聊"的能力。当用户通过音箱与小度产生互动时，小度能够在持续聊天的过程中渗透产品活动、卖点并且结合用户需求进行不断调整，针对高潜力用户在"闲聊"中给予进一步的个性化引导，以千人千面的多轮互动不断加深用户对品牌的兴趣，增强用户信心。①

三、广告投放精准化

传统的广告市场存在覆盖人群不精准、投放效率低等问题。人工智能为广告投放提供了新的思路。它通过自动化的人群追踪，以自动规划、精准定向、控制频次、实时监测等方式减少预算浪费，强化投放效果。其中，人工智能技术通过深度学习用户行为数据，识别用户行为轨迹，快速判断并过滤信息，即时定位受众群体，对数据进行预判分析，给出价格，经由程序化路径精准触达目标受众人群。

利用面部识别和大数据，FlySwipe开发出一种技术，可以根据电视观众的性别和年龄决定播放哪种广告，该技术还可以限制儿童在场时面向成人播放的广告。②

户外广告也可利用人工智能技术做到更精准的投放。人工智能可根据不同的天气情况、路过受众的性别和年龄等，进行智能的系统识别并定向

---

① 马涛，刘聆羽. 多模态交互，小度科技的终端营销寻找最优解——专访小度广告策略负责人贾甲. 国际品牌观察（媒介），2022（8）：51-56.

② Anonymous. Audience recognition technology now uses artificial intelligence to control TV content and advertisement. PR Newswire，2017-11-04.

投放广告。例如,在 2017 年,北京现代通过 OOHLink 投放的户外广告分成白天版、夜晚版、通用版、阴雨天版、男性或女性家庭版等多组不同的创意素材,在不同场景下对不同的受众投放不同的广告(见图 7-10)。

按性别定向
【男性家庭版创意】

按性别定向
【女性家庭版创意】

按天气定向
【阴雨天版创意】

按时间定向
【白天版创意】

按时间定向
【夜晚版创意】

【通用版创意】

图 7-10 北京现代通过 OOHLink 投放多版本创意户外广告

视频是人们喜爱的信息承载形式之一。如果能够在人们看视频的过程中，根据视频内容以及广告主需求，在合适的时间点插入相匹配的广告，毫无疑问，该广告会获得更高的关注度，不致引起受众的反感。图像识别技术公司 Viscovery 通过计算机视觉与深度学习技术结合视频内容大数据推出了产品 VDS（video discovery service）。该产品能够识别视频中的七类内容：人脸、图片/商标、文字、声音、动作、物件、场景资讯，而且能够从中挖掘有价值的信息，抓住广告投放的关键时刻，结合视频内容精准投放情境式广告。

Viscovery 将这种智能广告投放称为内容定向程序化投放，即通过 AI 高效解读视频中非结构化的数据，给视频每一帧画面中的人、事、时、地、物打上标签，与广告品牌进行关联，实现广告的智能投放。这种新型广告投放模式把粗放式广告投放转变为情境式精准广告投放，减少了用户观看过程中所受的干扰，提升了用户体验，能为品牌大幅提升广告投放效益。

Viscovery 与搜狐视频合作的《他来了，请闭眼》就是一个典型案例。Viscovery 通过视频内容分析技术，分析出《他来了，请闭眼》可产生具有商业价值的 1 500 多个标签，切入 26 类产品相关广告。Viscovery 专门设定在视频内容播放至开车场景时切入保时捷广告（见图 7-11）。相关的内容情境有效地降低了用户的反感度，也促进了广告的转化，其 CTR[①] 在电脑端提升了 67.6%，在手机端提升了 58.1%，在平板电脑端提升了 85.6%。

[①] CTR 英文全称为 click-through-rate，即点击通过率。

图 7 - 11　Viscovery 根据视频内容精准推送保时捷广告

四、广告代理智能化

由于传统广告代理公司未掌握用户的核心信息，对用户的基本喜好、兴趣选择等无法做到精准认知，目前一些广告主开始越过传统广告代理公司，直接与人工智能公司开展合作。

有 30 多年历史的由意大利家族经营的内衣品牌 Cosabella 在 2017 年年初做出了一个对中小时尚企业来说非常规的举动，放弃与传统广告代理商的合作，让人工智能公司接手其广告业务，结果是取得了惊人的效果。人工智能公司 Albert 为 Cosabella 策划跨渠道的营销活动，通过直接营销策略，利用电子邮件及各类移动端设备，搜寻确定潜在客户，分析他们在网站的浏览时间。对于浏览时间极短的用户，Albert 将其识别为"不感兴趣用户"，此后不再对其进行营销；对于停留时间较长的用户，则使用号召性的话语对其进行营销信息的投放。此外，Albert 还会实时跟踪每位用户的行为足迹，判断他们点击了脸书广告还是收到电子邮件后才购买商品，为此后的广告投放提升精准度。在 Albert 全权代理 Cosabella 的广告营销业务后，Cosabella 2017 年第四季度电子邮件的订阅数量达到此前的两倍，广告投资回报率上升至 336%，销售额同比增长 155%。

美国摩托车生产商哈雷-戴维森公司也与人工智能公司 Albert 开展了合作。哈雷-戴维森公司认为，虽然人工可以精准地找到目标消费者，但是这些群体仅占总体消费人群的 2%；而 Albert 能够通过分析消费者的行为及购买方式，瞄准剩下 98% 的消费者，从中快速识别潜在目标消费者。同时，Albert 还能对广告文案进行优化。比如，当发现在广告中使用"打电话"（如"不要错过价格优惠的二手哈雷车，现在就打电话！"）比"购买"（如"现在就在我们店购买价格优惠的二手哈雷车！"）的效果要好 447% 时，它会把所有广告中的"购买"全部换成"打电话"。① 在与 Albert 合作后，哈雷-戴维森公司的网站访问量提升了 566%，其中 40% 的销售额归功于 Albert。②

一些广告公司已经看到市场的变化趋势，开始向智能化方向转型，如 2023 年，全球最大的广告传播集团 WPP 与英伟达（NVIDIA）合作开发 AI 内容生成引擎，该内容引擎的基础是英伟达为虚拟协作和实时逼真模拟而构建的开放平台 Omniverse。这个引擎将使 WPP 无缝连接到 3D 内容创作工具，如 Adobe Substance 3D、CAD 等，使创意团队更快速高效、更大规模地为客户产品创建贴合品牌、效果逼真的数字孪生。同样，蓝色光标也在寻求人工智能释放广告生产力的落点。2023 年 4 月，蓝色光标

---

① Power B. How Harley-Davidson used artificial intelligence to increase New York sales leads by 2 930%. Harvard Business Review Digital Articles，2017（5）：2-5.
② 广告营销公司要被人工智能抢饭碗了？一家意大利内衣公司尝到了甜头．（2017-03-18）. http://www.sohu.com/a/129309874_487885.

停止创意设计、方案撰写、文案撰写、短期雇员四类相关外包支出，聚焦构建专有应用 BlueFocus AIGC 工具矩阵，赋能、提效、重塑营销场景。9 月，蓝色光标发布了营销行业模型 Blue AI，整合了蓝色光标的专业作业模式和内容沉淀，结合微软云、百度、智谱 AI 等技术支持，实现员工渗透率 100%，业务使用率 70%，深度使用并带来一定收入的客户约 20%，整体业务提效约 30%。

五、广告监测机器化

近年来，我国广告业的市场规模跃居全球第二，同时也出现了违法广告案件频发且呈爆发式增长的态势。违法广告隐蔽性强、形式多样等特性使得传统的广告监测需要耗费极大的人力、物力成本。尤其是在互联网上，许多广告以图片、视频等可视化形式呈现，对于其中掺杂的恶意营销、违规推广等不当甚至违法的内容，如果采用人力进行肉眼识别，相当耗时费力，而且基本上是不可能完成的任务。如今，借助人工智能技术，可以对海量的图片、视频广告进行自动审核，大大提高了监测效率，减少了人工的简单重复劳动。

1. 企业层面：合规审查机器化

广告发布是一个广而告之的行为，广告一经发布，企业就需要为广告所带来的社会影响负责。广告发布最基本的是要保证广告内容合法合规，其次发布内容需要遵守社会公序良俗，最后还要统一内容调性以符合品牌特征，因此企业内部对广告的合规审查是广告活动非常重要的一环。

人工智能审核工具的出现，降低了拦截不合规信息的人力成本。智能广告审查产品可以通过人工智能技术，对广告推广过程中的图片、视频、网页、文档等各种形式内容、多种格式的文件进行智能化识别，并依据知识管理模块中的数据给予相应的风险判断、行动建议和同类法规案例支持，有助于企业更好地规避因广告行为所带来的风险和损失。

另外，人工智能技术可以通过大数据分析和机器学习的方式，提高广告调性与品牌调性的协调性。2022年成立的Typeface公司针对大型品牌创建基于品牌定位和受众目标的个性化内容生成平台。与面向大众的通用内容生成不同，大品牌对生成内容可控性的要求无法通过直接调用通用生成式人工智能达到，很可能存在信息不准确、剽窃或有冒犯性内容等有损品牌形象的安全问题。Typeface通过个性化训练品牌的独有模型以及内容审查算法，致力于帮助大品牌解决上述痛点。

2. 行业层面：流量监测机器化

2019年5月，数字广告验证公司ADBUG公布中国巨型嵌套作弊网络Red Eye（红眼），被其嵌套的网站及App页面达30万，嵌套层级多达99层，日均展示量35亿～50亿次。一些广告主购买的广告位被嵌套于其中一个页面，虽然实现了流量虚增和换量，但可能从未真正在消费者面前展现过。Red Eye每天消耗企业2 000万广告费，被媒体称为中国广告史上最大规模的虚假流量作弊。

重大流量安全事故的发生，为企业敲响了警钟。由于利益关系，某些代理机构为提升账号、媒体价值，进行流量造假，严重破坏市场秩序，降低了广告主对程序化购买市场的信任度。第三方机构参与实时监测流量动态，是企业应对流量造假的重要措施。目前国内有热云数据、DataEye、Adjust、AppsFlyer、友盟＋、秒针等公司。通过插入代码的方式进行JS

监测、API 监测和 SDK 监测，或者通过数据建模和机器学习技术，甄别非正常广告行为，可有效过滤无效流量。

3. 社会层面：政府监管机器化

国家工商行政管理总局[①]于 2017 年启用全国互联网广告监测中心，该中心采用腾讯优图广告图像识别技术，实现了人工智能技术在广告监管中的首次应用。接入腾讯优图的人工智能技术后，监测中心能够对互联网广告中存在的虚假违法广告以及政治敏感人物、事件中的广告图片进行监测识别，尤其是可对具有广告导向的内容进行精准监管。这些都能在很大程度上提高监测中心的监管效能，营造良好的互联网广告环境。

第 2 节　人工智能驱动的公关升级

人工智能对公关行业的影响是全方位的，就目前的应用情况来看，主要包括智能的公关环境监测、智慧的客户关系管理以及快速的公关应对三个方面。

一、智能的公关环境监测

环境监测是公关的重要职能之一。对于一个企业来说，公关环境的监测可以分为外监测和内监测两个部分。外监测必须通过各种信息传播媒介，及时掌握与企业相关的各种信息及其走向，以监视和预测公众的态度

[①] 国家工商行政管理总局已于 2018 年 4 月并入新组建的国家市场监督管理总局。

及其行为变化趋势。① 科学的监测能有效帮助企业掌握与公众间关系的动态变化及发现潜在的公关危机,从而提示企业及时采取措施维护与公众的良好关系。

公关中的环境监测依赖对信息的采集、处理和反馈。新媒体时代,信息的呈现方式十分丰富,如文字、图片、视频等。随着网络带宽技术的发展,图片和视频越来越受到人们的青睐。传统的公关环境监测主要对文本信息进行监测,随着人工智能的发展,对以图片、视频为载体的信息进行监测成为可能。比如,美国的一家公关公司 Agility PR Solutions 引入图片监测技术帮助企业实现全面的媒体舆论监测,而不仅仅对文字报道进行监测。这一图片监测技术采用机器学习算法识别图片中的物体或标志,对网络报道所涉及的品牌以及标志使用进行监测,从而帮助企业对其公关环境有更为深入的了解。②

此外,借助大数据和人工智能,公关环境监测可以更加精细化。尤其在自然语言处理技术、机器学习和图像识别为舆情监测带来进阶的技术基础之后,舆情监测开始从信息检索走向多维度识别,不仅是对特定时间的语言、文字、图片的深度理解,而且能通过情感分析,预测"无主题"事件的舆论走向,从而在深度上提升数据的准确性,在广度上提升网络舆论治理覆盖面。可以想见,未来的舆情监测将会成为集文本挖掘、自然语言处理、可视化分析、舆情监测、专题分析、智能报告、趋势预测、危机预警于一体的智能结构。

---

① 居延安. 公共关系学. 4 版. 上海:复旦大学出版社,2008.
② Agility PR solutions adds AI powered image search to media monitoring. (2018 - 02 - 12). http://www.businesswire.com/news/home/20180212005392/en/.

二、智慧的客户关系管理

人工智能为改善与市场营销、客户服务和支持等领域的客户关系有关的商业流程提供了强有力的技术支持。嵌入官网或社交媒体的人工智能助手，赋予企业更完善的与客户沟通的能力。

2017 年，阿里云推出云小蜜——一款智慧会话客服机器人。云小蜜背后有包括 36 个预置服务的细分行业技术包提供支持，涵盖公司采购、办公行政、电商、综合服务等，提供中英文会话，这使云小蜜能够快速投入实际业务中，实现 24 小时在线操作。2023 年，蚂蚁财富发布了国内首个应用大模型技术的智能理财助理"支小宝 2.0"，通过大模型技术实现了金融领域智能理财助理从检索式 AI 到生成式 AI 的跃升。它能够计算用户的风险偏好、规划投资策略，甚至预测用户可能的提问，并具备在投资失利时安抚用户情绪的能力。

2023 年，星巴克在社交媒体公关中充分利用 AI 技术，通过情感分析与用户互动。AI 系统能够识别用户评论中关于喜爱、满意或不满意的情感信号，了解用户对其产品和服务的态度。当用户表达喜爱时，星巴克 AI 系统就会捕捉到这条帖子并分析用户情感，随后还会在社交媒体上回复这位用户，感谢他的支持，并邀请他前往当地的星巴克门店享用一杯免费的同款咖啡。一旦发现用户投诉问题或发表意见，星巴克 AI 系统也会立即采取行动。这种一对一的互动不仅让用户感受到极大的重视与关注，也激发了其他用户参与的兴趣。

三、快速的公关应对

现代企业开展公关活动以创造、维护和更新顾客价值。公关活动是现代企业生存和发展所必需的活动。大众传播时代，一家企业可以通过宣传或赞助来树立自身的良好形象，相应地，当危机出现后，企业亦可通过传统媒体进行危机公关以挽回形象。成功的企业总是能高效地采取各种非技术手段（如及时道歉、召开新闻发布会等）来有效处理危机。

英国危机公关专家杰斯特提出了危机公关时应遵循的 3T 原则：tell you own tale（以我为主提供情况），强调组织应该牢牢掌握信息发布主动权；tell it fast（尽快提供情况），强调危机处理时组织应该尽快发布信息，对大众进行解释说明；tell it all（提供全部情况），强调信息发布应该尽量全面、真实。数字化时代，复杂的社交网络所带来的纷杂信息常常使企业公关应接不暇，进行危机公关成为一种挑战。幸而人工智能可以通过深度学习对数据进行快速处理，做到快速反应，使企业第一时间采取恰当的危机公关措施。

IBM 的人工智能机器人沃森能实时找出社交网络上的负面消息源，帮助企业及时应对。沃森曾捕捉到一些旧金山主厨在推特上抱怨自己的牛肉被污染了，而这批牛肉正是来自宾夕法尼亚州马塞勒斯页岩区附近的牧场。根据这些信息，沃森给出了一套解决方案，让石油公司迅速找到加利福尼亚大学伯克利分校的一位教授来辟谣，从而帮助石油公司避免了一场公关危机。[1]

---

[1] IBM 沃森 "职业生涯" 第一单：危机公关. (2016-03-24). https://www.sohu.com/a/65383753_394458.

第3节 人工智能驱动的促销升级

在市场竞争日趋白热化的今天,对于促销活动人们可谓司空见惯,虽各大商家频出奇招,但消费者响应大多不太积极,效果不甚理想。不过,利用人工智能可以让促销活动形式更加丰富、信息触达更加精准、互动更加个性化,使得促销效率得以进一步提升。

一、人工智能让促销活动形式更加丰富

人工智能可以为促销活动提供有力的智力支持,同时也丰富了促销活动的可能性。2017年后,在国内车企普遍增长迟滞、新品牌仍不断入局的情况下,车企的促销支出连年增长。在传统的促销模式中,企业虽然也收集了详细的市场信息作为分析资料,但众多考量维度带来的巨大数据量、竞品和用户的实时变动,给制定有效的促销活动带来很大的难度。另外,不同促销方案的效果测量困难,促销支出难以得到优化,传统的促销模式越来越难以满足车企的经营需求。

麦肯锡公司通过建立人工智能促销实时系统,辅助中国车企及时分析、预测内外部数据,提出基于各地区、各时段、各产品的促销方案,提升车企促销决策水平,提高企业促销的投资回报率。麦肯锡公司在调查不同类型的促销活动创造的客户价值后发现,延长保修期、免服务合同、提供配件代金券等非现金促销方式创造的用户价值优于现金折扣;选装包等实物优惠的边际成本也远低于直接降价。在实时促销系统中,企业能够通过多维度数据,帮助营销和销售团队分析不同层次的市场趋势;监控中央

和地方动态，提高数据透明度，以实现对促销活动更为全面的评估；对促销支出优化的干预举措进行优先级别排序，协调长短期促销效率。最终，在实践层面帮助企业形成丰富的促销活动组合方案，从而达到最优的促销效果。

二、人工智能让促销信息触达更加精准

人工智能技术的应用可以使企业促销更加精准有效。比如，某餐饮企业要向 1 000 个用户发放 1 000 张优惠券，怎样保证这 1 000 人在没有光顾过店家的前提下有意前来消费？可以根据老顾客的特征，使用机器学习来建立一个模型，根据这个模型在数据库中找出与消费习惯相匹配的用户：休息日是宅在家里还是泡吧？经常光顾的餐饮场所的人均消费如何？喜欢去国外旅游还是在国内旅游？上下班是坐地铁、开车还是采用其他方式？通过对新老用户的相似程度进行排列，可选出最接近的 1 000 人向其推送优惠券，这样做的成功率显然比在大街上随机派发传单高得多。[①]

Nitrio 是一家人工智能领域的初创公司，其创始人亚力克斯开发出一种技术，基于这一技术，平台可以通过分析客户和销售人员的对话（不管是邮件、电话还是即时消息），提取他们讨论的话题，结合销售人员与客户的成交或者失败记录，得出某个话题会对销售造成有利还是不利的影响，从而为销售人员提供具体的行为指导。例如，如果某个客户犹豫不决，销售员常常会为他提供一些特殊的折扣。在这种情况下，如果亚历克斯的人工智能平台发现客户仍然说"价格贵"，那它可以总结出"这个折扣

---

① 腾讯研究院. 人工智能. 北京：中国人民大学出版社，2017.

不利于交易的成功",商家由此知道应该调整单价或者为客户提供更大的折扣。当然,一个交易完成与否不仅仅是一个话题能够决定的。每当一个内容重复出现,它就会成为一个数据显示在系统里。在一次销售中,机器能提取多个话题,并将它们与销售结果关联,形成 A-1,B-1,C-1……这样的链接。随着这些链接的增加,通过在上百万个数据之间进行对比,就能得出相当可信的结果——什么能促进交易的成功,而什么不能。

三、人工智能让促销互动更加个性化

传统的促销场景包含互动的因素,如游戏互动、表演互动等,诸如此类的互动是标准化的。也就是说,人们参与的互动是千人一面的。此外,由于促销活动的人力、物力有限,如果参与互动的人数太多,可能会出现秩序混乱的情况,最终使消费者体验不佳,对活动失望,进而放弃购买。在人工智能的辅助下,促销活动可以与消费者进行个性化互动,使其互动体验更好、效果更佳。比如在南京建邺万达百货举办的第三届秋季鞋粉节中,商家就使用"AR+AI"的方式与消费者进行互动。消费者只要站在 AR 互动屏前,系统就会自动识别其面部,为其匹配相应的鞋子、配饰。这样的互动设计有趣且富有个性,同时充分回应了促销主题,取得了良好的促销效果。

例 7-1 Synaps Labs:定制你的专属汽车广告

如果你曾于 2016 年 11 月在莫斯科的高速路上开车行驶,你也许会注意到,高速路旁的电子广告牌会在你临近时更换广告。换上的新广告似乎是专门为你投放的——如果你开的是宝马 X5 或者沃尔沃 XC60，你看到的将是捷豹 SUV 的广告。

如果是在晚上，广告中的 SUV 将出现在一个暗色调的背景中，以凸显车的存在；如果是在下雪天，广告中的 SUV 则会行驶在茫茫白雪之中，与现实中的天气呼应。

实际上，这种具有针对性的广告对经常上网的人来说不算什么新鲜事。Synaps Labs 公司成功将这种广告投放模式应用到现实生活中。它在电子广告牌前的 180 米处放置高速摄像机，以拍摄经过的车辆。该公司研发的机器学习系统会识别出照片中车辆的品牌和型号，便于广告主了解车主信息。这一步完成后，该公司的竞价系统会选择合适的广告投放在电子广告牌上，让目标车主经过时能看到。

当摄像机发现宝马 X5、宝马 X6 和沃尔沃 XC60 时，电子广告牌会播放捷豹 SUV 的广告，它是为这三种车的车主量身定制的。

Synaps Labs 公司表示，在一个月的时间里，投放 8 500 次这种有针对性的广告和用普通手段投放 55 000 次广告取得的效果是一样的，即都让 22 000 位目标车主看到广告。

Synaps Labs 公司的商业模式是将这项服务出售给电子广告牌的拥有者。其实，电子广告牌本来就在不断更换广告。如果采用该公司的技术，广告牌可以更频繁地投放更多有针对性的广告，这可让广告牌的拥有者卖出更多广告位，获得更多收益。

Synaps Labs 公司的创始人亚力克斯·普斯托夫（Alex Pustov）设想，如果在一条高速路旁连续安装一排电子广告牌，这个广告牌"队列"可以分工合作，播放一则广告的不同片段，让车主在经过这个"队列"的过程中看完一则完整的长广告——这种"讲故事"的方法跟电视和网络有异曲同工之妙。

> **讨论题**
> 1. 案例中呈现的定制化汽车广告投放模式是如何实现的?
> 2. 相比传统电子广告牌,这种广告投放模式的优点是什么?
> 3. 除了汽车广告,高速路的电子广告牌上还能投放哪些行业的定制化广告,从而实现更好的广告效果?

例 7-2　AI 助力梦妆新品"挤挤唇膏"上市[①]

梦妆是韩国的化妆品品牌。作为品牌长期的合作伙伴,百度与华扬联众联手助力梦妆新品"挤挤唇膏"在中国上市,为品牌制定智能化、精准化和差异化的营销策略。简要来说,梦妆此次活动推广的特点是"新"——新玩法、新思路、新样式。

1. 新玩法:百度 AI 试妆＋智能色号推荐

人们通过去线下门店试妆来寻找适合自己的美妆产品,但传统线下渠道只能依靠美容顾问来为顾客提供试妆服务,其中产生了很多问题。

用户痛点 1:线下试妆成本高,每试一支口红都要卸一次妆。

---

① 华扬联众联手百度,助力梦妆挤挤唇膏新品上市.(2018-12-05). http://www.sohu.com/a/279923393_657811.

用户痛点 2：过分依赖美容顾问的专业能力，要想在短时间内迅速把握用户的肤色、肤质、气质、喜好，并推荐相应的产品、色号，需要美容顾问具备近似专业化妆师的高超业务能力。

品牌痛点：为线下试妆付出巨大成本后，仍然对消费者的喜好、试色情况不了解。

百度 AI 实时在线试妆可以让消费者一次轻松试遍所有色号，告别卫生隐患。同时，可以实时抓取面部的 100 个打点，上妆效果精确贴合消费者面部，不脱妆、不浮妆。在身体转动 60 度的范围内，妆容能紧跟面部移动。

此外，有多种口红质地效果可供选择，如丝绒、哑光、珠光、高光、润泽、奶油、缎面等。该试妆系统可还原真实肌肤使用感，让消费者体验产品的显色度、光泽度、滋润度等产品特性（见图 7-12）。

图 7-12　百度 AI 试妆＋智能色号推荐

AI 智能色号推荐系统可以即时了解消费者五官及肤色的特点，推荐最匹配的口红色号，让消费者告别选色纠结，提升购买转化率。

2. 新思路：全方位智能刻画目标消费者

从消费者洞察的角度来看，搜索是一种全场景覆盖，消费者搜索时的目标是多元化和开放式的，任何感兴趣的、有意向的内容都会被搜索数据反映为动机和意图。百度的 AI 技术和数据挖掘能力可以帮助梦妆充分分析品牌目标消费者的属性，提供全面智能的消费者洞察，预测消费者的需求意图。

品牌核心消费者是指过去 30 天内搜索过梦妆品牌及品牌产品词的消费者，以及点击过梦妆品牌搜索广告或者信息流广告的消费者。这类消费者需重点集中转化为现实购买。

品牌高潜消费者是指过去 30 天内搜索过梦妆核心竞品词、口红通用词以及唇妆或妆容类关键词的消费者，以及被百度大数据打上"个护美容-彩妆兴趣"标签的消费者。对于这类消费者，拦截转化是主要目标。

品牌关联消费者是指拍照时热衷于美颜功能的人群、梦妆品牌代言人和品牌挚友的粉丝以及送礼人群（伴侣曾表现出最近想要一支口红的意图）。对于这些美妆行业的泛需求消费者，品牌需要不断培养和激发他们的兴趣。

3. 新样式：百度 App 开屏九宫格＋信息流

通过百度 App 开屏动态视频样式吸引用户眼球，并用九个格分别凸显梦妆挤挤唇膏的热门明星色号，跟此次活动的口红试色主题相得益彰，为品牌赢得了相当好的投放效果，点击率接近 9.5％。

不同于传统视频样式，随心互动是指随着用户上下滑动信息流，两张图片之间出现像素变换的交互效果，可增强用户的参与感。两张图片的切换使梦妆挤挤唇膏两个主打色交替出现，可让用户看到更多的唇色展示。该样式的点击率相较于原生普通大图样式提升了24%。

> **讨论题**
>
> 1. 梦妆推出新品为何要采用百度 AI 试妆+ 智能色号推荐技术？
> 2. 百度与华扬联众如何锁定梦妆的目标消费者？
> 3. 梦妆在百度 App 上的广告投放形式有何新意？

第 8 章

人工智能营销的伦理与法律问题

引例　今日头条涉嫌侵犯用户隐私

2018年年初，今日头条陷入麦克风监听用户隐私的舆论漩涡。网友"互联网路人"称，"妻子元旦去摘草莓，一没在头条搜索'草莓'，二没在头条查看'草莓'类资讯，然而转天就收到了和草莓有关的推送文章"。这位网友打开妻子的手机发现，今日头条使用了麦克风权限。随后，工信部约谈了今日头条，表示其涉嫌侵犯用户个人隐私，要求其本着充分保障用户知情权和选择权的原则立即进行整改。

对此，今日头条紧急发布《致广大用户关于授权今日头条使用手机麦克风的说明》，称除非用户授权今日头条使用麦克风，否则今日头条无法收到语音信号；今日头条用户信息积累靠的是用户点击，而今日头条在技术上暂时无法通过用麦克风收集声音信息的方式获取个人隐私；今日头条绝不会在用户不知情的情况下收集用户隐私数据。

然而，在该声明下方的评论区有用户评论道：那为什么我平时说话提到某事，没过多久今日头条就推送相关的内容？前几天大学同学过来，聊天时提到一个外号叫"雷公狗"的同学，第二天今日头条就给我推送了关于雷公狗的文章。

如果这是真的，绝对是《窃听风云》的现实版，这让每个使用手机的人不寒而栗。现在，大家的手机每天都不离身，但大家在手机旁边不敢讲话了，因为可能有人窃听。

人工智能给社会带来的变革是巨大的，它改进了生产方式，提高了营销效率，同时改善了消费者的生活。但事物总有两面性，人工智能不可避免地有其阴暗面，这对当下的伦理标准、法律规则带来前所未有的挑战。

伦，次序之谓也。伦理指在处理人与人、人与社会相互关系时应遵循的道理和准则。通常认为，法律是最低限度的道德，任何法律都内含一定的伦理道德观念。[①] 对于人工智能社会关系的调整，伦理规范具有一种先导性作用。法律规范基于现实生活生成，且立法过程烦琐，因而总是处于滞后境地；而伦理规范可以先行和预设，对已改变或可能改变的社会关系进行反映。同时，伦理规范为后续的法治建设提供了重要依据，即在一定时候，伦理规范可转化为法律规范，实现道德的法律化。[②]

2017年，《新一代人工智能发展规划》中指出，应通过对人工智能相关法律、伦理和社会问题的深入探讨，为智能社会划出法律和伦理道德的边界，让人工智能更好地服务人类社会。[③] 2018年10月，习近平总书记在中共中央政治局集体学习时强调，要发挥好人工智能的"头雁"效应，也要加强人工智能相关法律、伦理、社会问题研究。这为我国人工智能健康发展指明了方向，让技术更好地服务于经济社会发展和人民美好生活。具体到人工智能营销领域，同样不能例外，如果对其中的伦理与法律问题不加以重视和研究，将会给社会带来诸多负面影响。

---

① 精彩演讲：人工智能对法律制度的挑战．（2018-01-18）．https：//www．sohu．com/a/217520555_159412．
② 吴汉东．人工智能时代的制度安排与法律规制．法律科学（西北政法大学学报），2017（5）．
③ 发展负责任的人工智能：新一代人工智能治理原则发布．（2019-06-17）．https：//www．most．gov．cn/kjbgz/201906/t20190617_147107．html．

第 1 节　人工智能营销的伦理问题

近年来，人工智能技术应用过程中产生的伦理问题日益受到学界和业界的重视。2015 年，包括中国学者在内的全球十多位科技政策与伦理专家在《科学》杂志上发表了一份题为《承认人工智能的阴暗面》的公开信，提议将人工智能的社会伦理问题纳入现实的社会政策与伦理规范议程。2017 年，在美国加利福尼亚州举办的阿西洛马人工智能会议上，近千名人工智能领域的行业领袖和专家达成了被称为人工智能发展"23 条军规"的阿西洛马人工智能 23 条原则，其中涉及伦理价值的原则共 13 条，内容包括人工智能开发中的安全、透明度、责任、价值观等。2019 年 4 月，欧盟人工智能专家委员会正式发布《可信赖的人工智能伦理准则》，明确阐释了建立"可信赖的人工智能"最关键的七个方面——人的能动性与监督，技术稳健性与安全性，隐私与数据管理，透明性，多样性、非歧视性与公平性，社会与环境福祉，以及问责制度，从技术与非技术方面分别给出对策与建议，总结出可信赖的人工智能伦理框架。[①] 同年 6 月，由我国科技部组建成立的国家新一代人工智能治理专业委员会发布《新一代人工智能治理原则——发展负责任的人工智能》，提出了人工智能治理的框架和行动指南。该治理原则突出了发展负责任的人工智能这一主题，强调了和谐友好、公平公正、包容共享、尊重隐私、安全可控、共担责任、开放协作、敏捷治理共八条原则。

[①] 欧盟发布最新《人工智能道德准则》，能保证我们信赖 AI 吗？（2019-04-30）．https://baijiahao.baidu.com/s?id=1632221446815518067&wfr=spider&for=pc．

在人工智能营销模式创新发展的过程中，也出现了诸如因为算法偏见导致营销过程中出现种族歧视和性别歧视、为迎合受众偏好推送"对口味"内容导致信息茧房等问题，这些不和谐因素不断挑战社会伦理规则和人们的心理底线，其存在和发展也势必会侵害消费者权益，最终影响社会的和谐稳定。因此，建立何种伦理导向以适应和推动人工智能营销模式的发展，同时如何从政策规制上予以约束，成为当前业界值得思考和学界值得研究的重要问题。总括起来，主要有如下几方面的问题。

一、产品安全问题

人工智能可以实现无人类干预的自动化运行，而设计者和生产者在开发人工智能产品的过程中不能准确预知其中存在的风险，这可能会导致人类预想不到的结果。因此，人工智能产品的安全问题不容忽视。[①] 总体而言，人工智能技术应用引发的安全问题主要包括以下三个方面。[②]

1. 技术滥用导致的安全威胁

人工智能对人类的作用很大程度上取决于谁来使用以及如何使用它。如果被犯罪分子利用，后果不堪设想。例如，黑客可以利用人工智能技术非法窃取私人信息，还可以发起网络攻击，智能化的网络攻击软件能自我学习，并不断改变方法，以达到尽可能长时间地停留于计算机系统内部的目的。通过个性化定制内容，人工智能技术甚至可以控制公众的认知和判断，而人工智能的武器化更可能给人类带来灾难性的后果。

[①] 人工智能的安全问题不容忽视. (2018-08-31). http://m.elecfans.com/article/752556.html.

[②] 李修全. 人工智能应用中的安全、隐私和伦理挑战及应对思考. 科技导报，2017 (15).

2. 技术缺陷产生的安全隐患

作为一项快速发展的技术，人工智能还不够成熟和完善，某些技术缺陷可能导致工作异常，引发安全隐患。比如，无人智能系统的设计或生产不当会导致运行异常。如果安全防护技术或措施不完善，机器人、无人驾驶汽车和其他人工智能装置可能会伤害人类，还可能遭到非法入侵和控制，按照犯罪分子的指令执行，进而做出对人类有害的事情。

3. 超级智能引发的安全担忧

2017年6月，类人机器人索菲亚（Sophia）亮相《早安英国》节目，震惊了当地观众（见图8-1）。这个与人类有近乎一样外貌的机器人能控制62种面部表情，微笑时能够像人类一样将眼睛眯成弯弯的月牙状。在对话中，它的发明者大卫·汉森（David Hanson）博士问道："你想摧毁我们人类吗？拜托请说'不'。"索菲亚微笑着回答："好的，我将会摧毁人类。"

图8-1 史上首个获得公民身份的机器人——索菲亚

虽然目前看来这只是个带有戏谑意味的玩笑，但可以预见的是，人工智能将发展到超级智能阶段，未来学家预言的那个神秘奇点正在来临。到那时，机器人或其他人工智能系统能够自我演化，发展出类人的自我意识，从而对人类的主导性和存续造成威胁。比尔·盖茨、斯蒂芬·霍金、埃隆·马斯克和雷·库兹韦尔等都担心，对人工智能技术不加约束地开发会让机器获得超越人类智力水平的智能，并引发难以控制的安全隐患，甚至可能终结人类文明。

对于人工智能技术可能带来的安全问题，美国科幻小说家阿西莫夫早在1950年出版的小说《我，机器人》中就提出了著名的"机器人三大法则"。第一法则是机器人不得伤害人类或者目睹人类受到伤害时袖手旁观；第二法则是机器人必须服从人类发出的命令，但不得违反第一法则；第三法则是机器人在不违反第一法则和第二法则的情况下要尽可能保护自己。阿西洛马人工智能23条原则也呼吁在发展人工智能的同时共同保障人类未来的利益和安全，强调人工智能研究的目标应该是建立有益的智能，而不是无向的智能。[①] 百度首席执行官李彦宏则阐述了AI伦理四原则：AI的最高原则是安全可控；AI的创新愿景是促进人类更平等地获取技术和能力；AI的存在价值是教人学习，让人成长，而非超越和替代人；AI的终极理想是为人类带来更多自由与可能。可见，安全可控是人工智能应用于产品开发过程中的核心伦理原则，应当为业内人士共同遵守。

---

① 盘冠员. 人工智能发展应用中的安全风险及应对策略. 中国国情国力，2019（2）.

二、算法偏见问题

算法是人工智能的核心要素，代表着人工智能决策的逻辑结构，对自主决策的过程和结果具有不可忽视的主导作用。① 算法虽说只是一种数学表达，看似与价值无关，但实际上并非完全客观和中立，不可避免地存在偏见②，造成这种偏见的原因可能有两个。其一，算法的设计、目的、成功标准、数据使用等都是设计者、开发者的主观选择，设计者和开发者有可能将自己的偏见嵌入算法系统。③ 其二，算法的形成和完善需要以大量的数据训练为基础，而数据的有效性、准确性也会影响整个算法决策和预测的准确性。因为人有偏见（比如种族歧视、性别歧视），所以由人制造的数据也带有偏见，用这些数据去训练人工智能，它也不可避免地带有偏见。如果用以训练算法的数据本身就包含偏见，则其偏见不免要传导到算法中，造成"偏见进，偏见出"的结果。④

在营销实践中，由人工智能技术运用引发的歧视和偏见并不鲜见。譬如，在未进行大量测试的情况下，一个为照片自动添加说明的模型可能会在一些肤色较深的肖像照片上添加"大猩猩"字样；如果使用机器学习算法帮助银行提供接受或拒绝房贷的建议，黑人申请的批准率大大低于白人申请的批准率；在谷歌的广告推送服务中，男性用户获得高薪职位招聘信息提示的数量明显高于女性用户；在美国多家公司联合推出的 2016 世界首届人工智能选美大赛中，参赛者在网站上传照片后，人工智能算法评选

---

① 斯眉.《卫报》：人工智能已出现种族和性别偏见. 北京科技报，2017 - 04 - 24 (7).
② 陆伟晶. 人工智能机器人面临的伦理困境：以"微软小冰"为例. 视听界，2018 (7).
③ 张超. 新闻生产中的算法风险：成因、类型与对策. 中国出版，2018 (13).
④ 雷震文. 算法偏见对"智慧司法"的影响及其防范. 法制日报，2017 - 12 - 27.

出的"美"的获奖者全是白人。

要想解决算法偏见问题，首先，要对技术人员进行伦理方面的培训，消除他们的偏见；其次，技术人员应当给予人工智能一定的伦理训练，以避免这类问题的发生；再次，要让输入人工智能"黑箱"的数据保持公开和透明，这样技术人员能及时发现并解决其中的偏见问题[①]；最后，应在正式应用前进行大量的算法测试，包括对一些结果进行人工筛查，识别出模型无法发现且人类无法接受的结果。

三、信息茧房问题

凯斯·桑斯坦在其 2006 年出版的著作《信息乌托邦：众人如何生产知识》中提出信息茧房效应，即在信息领域，公众对信息的需求十分有限，且很大程度上受到个人兴趣的引导，而将自己的生活束缚在好似蚕茧一样的"茧房"中。[②]

进入人工智能时代，内容推送的权力正由人类编辑让渡给智能算法。智能分发平台基于受众的阅读偏好，向他们推送"对口味"的内容，这一做法在信息爆炸的年代大大减少了受众自行过滤的时间，解决了人类编辑的个性化推荐问题。然而，智能算法屏蔽了用户接触其他信息的机会，造成用户的信息接触面越来越窄，用户长期接触一类信息时，会禁锢在自己制造的信息茧房里，导致视野的偏狭和思想的封闭、僵化甚至极化，对个人发展造成不良影响。[③]

[①] Vanian J. Unmasking AI's bias problem. Fortune，2018（1）：54-62.
[②] 桑斯坦. 信息乌托邦：众人如何生产知识. 毕竞悦，译. 北京：法律出版社，2008.
[③] 郝雨，李林霞. 算法推送：信息私人定制的"个性化"圈套. 新闻记者，2017（2）.

涉猎不同领域的各种信息，倾听不同的声音，本是一个人实现自我提升和完善的重要途径，而信息的个性化推荐背离了这种多元传播方式，新闻领域如此，广告领域也是如此。① 消费者点击某一方面的信息会导致与这一领域相关的广告对其进行轮番轰炸，使消费者置身于广告信息的茧房之中。对于需求多元的消费者而言，这种重复的广告容易造成视觉疲劳，对于广告资源来说无疑是一种浪费。

今日头条的口号曾经是"你关心的，才是头条"，长期以来它过于强调人工智能等技术的作用，不断向用户推送他们喜欢的内容。但智能算法只能通过用户表现出来的部分行为特征计算用户的信息需求，而基于片面数据的用户需求计算是不全面的，不能系统地洞察用户真实的需求。后来，今日头条意识到信息阅读变窄将给用户带来诸多弊端，因而对机器算法进行升级，在推荐逻辑中增加"泛化"的概念，即在个性化推荐的基础上，基于社交、场景、职业、兴趣等各类信息对用户进行协同推荐，试图让受众从过于个性化的信息茧房中解放出来。② 2018 年 5 月 16 日，今日头条将其口号改为"信息创造价值"，显示出管理层决心在促进信息高效精准传播的同时，坚持正确的价值导向，为用户持续提供更多元、更有价值的内容。

第 2 节　人工智能营销的法律问题

如上文所述，关于人工智能营销的伦理规范具有的先导性作用为后续的法律制定提供了重要依据。立法工作有一定的滞后性，由于其所涉及的

---

① 萧冰. 人工智能与大数据背景下广告领域的新发展与挑战. 新媒体与社会，2018 (2).
② 陈相. 从今日头条看人工智能的信息推荐效果. 青年记者，2017 (11).

问题非常重要，所以对其的研究和推进工作十分紧迫。

一、隐私保护问题

隐私是指一种不被干扰的权利，其本质特征在于由所有者独自控制，不对外公开，外界不得侵犯。大数据元年（2013年）以来，消费者隐私保护问题日益成为人们关注的焦点，而近年人工智能技术的发展进一步增强了个人的数据采集和挖掘能力，在万物互联、大数据和人工智能三者叠加之后，人们或许不再有隐私可言。① 据不完全统计，在中国有超过1亿个摄像头，而每个城市数据的80%~90%都是视频数据，我们只要出门，就会暴露在摄像头的监控之下。结合人脸识别、语义识别及全球定位等技术，再关联已被电子化的数据，如门禁卡、交通卡、身份证、银行卡的刷卡记录，可以很容易地描绘出一个人的行为轨迹。当人们和朋友、家人私下畅聊时，安有语音识别技术的智能助手可能正在记录他们所说的每一句话，正如本章引例中所描述的那样，这些被记录的语音隐私信息可能被用于推送精准广告。此外，自动驾驶技术使汽车这一原本较为私密的空间成为数据收集空间，人们在车内的一举一动都会被记录下来，以往私密的出行信息也会被全程监控。②

对于上述种种涉及人工智能技术的隐私问题，各国及国际组织已经展开了许多研究。电气电子工程师学会（IEEE）2016年发布的报告《合伦理设计：利用人工智能和自主系统最大化人类福祉的愿景》第五部分"个人数据与个体访问控制"中指出，数据不对称是个人信息保护的一个重大

---

① 腾讯研究院. 人工智能. 北京：中国人民大学出版社，2017.
② 郑志峰. 人工智能时代的隐私保护. 法律科学（西北政法大学学报），2019（2）.

道德困境。在算法时代,人工智能系统对个人数据的使用不断增强,为了解决不对称问题,需要完善个人信息保护政策。

与此同时,部分国家和地区开始进行隐私保护的立法和修法工作,出台针对个人数据收集和人工智能应用的新政策与更严厉的法案。2016年4月,欧盟出台史上最严格的《通用数据保护条例》(General Data Protection Regulation,GDPR),此条例于2018年5月25日正式生效,适用于所有欧盟成员国。GDPR加强了个人隐私和数据保护,根据GDPR的规定,用户有权拒绝企业对其生成画像等自动化决策,而且用于用户画像的数据不能包括人种或种族起源、政治意见、宗教或哲学信仰、商会会员、基因、生物特征、健康状况等特殊类别的个人数据。[1] 机构和企业必须先获得用户的明确授权,才可以收集和使用用户的个人信息,如姓名、地址、生日、信用卡、银行、医疗信息、位置信息、互联网协议地址等。一旦违反GDPR的规定,相关企业将面临最高为全球年营收4%或者2 000万欧元的巨额罚款。[2] GDPR生效后,面临最大挑战的是广告技术企业,因为GDPR相关条例直指精准广告的数据收集和投放。

美国没有统一的隐私保护立法,主要是通过行业立法和州立法来保护隐私。随着数字时代数据共享利用与隐私权矛盾的日益突出以及州层面立法进程的加快,美国国内对制定联邦统一立法的呼声日益强烈。在第117届国会(2021—2022年)会议期间,国会议员提出了多项隐私法案,有

---

[1] 人工智能快速发展,莫忘保护个人隐私. (2018-02-09). http://www.sohu.com/a/221884655_100102635.

[2] GDPR "快刀"威慑广告服务商 全球互联网巨头严阵以待. (2018-05-29). https://www.sohu.com/a/233246232_115124.

些仅涉及一项单独的隐私权利或事项,比如《社交媒体隐私保护和消费者权利法案 2021》等;有些则属于综合性隐私立法,比如《消费者数据隐私与安全法案 2021》等,但后者一直未能获得众参两院共同支持。2022 年 6 月 3 日,美国众议院和参议院发布了《美国数据隐私和保护法案》讨论稿,这是首个获得两党两院支持的全面的联邦隐私立法草案,内容涉及国会近 20 年来隐私辩论的方方面面。该法案离正式成为联邦法律还有一定的距离,但却反映出数字时代美国数据隐私保护的价值理念和发展趋势。①

中国《个人信息保护法》是 2021 年 11 月 1 日开始施行的国内第一部旨在解决数据隐私问题并为公民提供个人数据保护的法规。《个人信息保护法》第二十八条第二款对处理敏感个人信息的活动提出了更加严格的要求,明确只有在具有特定的目的和充分的必要性,以及采取严格保护措施的前提下,才可以开展处理活动;与此同时,《个人信息保护法》第六十一条、第六十二条对个人信息保护具体监管职责、相关工作做出了规定,包括开展个人信息宣传教育、指导监督个人信息保护工作、接受处理相关投诉举报、组织对应用程序等进行测评等。第六十三条对履行个人信息保护职责的部门调查和处理违法个人信息处理活动的权力做了规定,赋予其调查权、查阅权、法定情况下的查封扣押权等。②

当然,解决人工智能营销的隐私保护问题是一个系统工程,需要多方

---

① 赛迪观点:《美国数据隐私和保护法案》的内容及启示. (2023 - 03 - 13). https://mp.weixin.qq.com/s/C6Vor45ZBmwGaOvP-LajHg.

② 于晓洋,何波. 我国《个人信息保护法》立法背景与制度详解. 大数据,2022,8(2):168 - 181.

配合，多管齐下，综合运用伦理、法律、技术和市场等手段，在增强消费者隐私保护观念、树立企业保护用户隐私意识、颁布有关用户隐私保护法律的同时，充分发挥个人信息的市场价值，最终实现企业、用户等的共赢，促进人工智能产业的发展和社会福祉的最大化。

二、责任归属问题

人工智能产品给人们的生活带来便利，但由于技术不完善等原因，不能完全避免事故的发生。例如，无人驾驶汽车一旦出现事故，责任由谁来承担就是一个问题。

2016年5月7日，美国佛罗里达州一辆特斯拉电动汽车在自动驾驶模式下与一辆大货车相撞，电动汽车司机不幸身亡。虽然美国国家公路交通安全管理局出具的报告认定特斯拉的自动驾驶系统不应对此次事故负责，但自动驾驶的安全性问题引发各界担忧。[1] 的确，自动驾驶系统有预先设定的算法，但行驶过程中许多意外是无法预测的。如果发生交通事故，导致财产或生命损失，责任应该由谁来承担？是自动驾驶汽车公司、设计者还是使用者？分清责任的确是一个难题。

为了解决这一难题，全球自动驾驶立法不断推进，联合国等国际组织和美国、德国、英国等国家都在积极修订原有法规或制定新的法律政策，为自动驾驶技术的部署扫清法律障碍，取得了积极的进展。例如，德国在2017年5月通过了自动驾驶汽车法案，规定：第一，司机必须始终坐在方向盘后方，以便在自动驾驶汽车发出请求时进行控制；第

---

[1] 金东寒. 秩序的重构：人工智能与人类社会. 上海：上海大学出版社，2017.

二，允许路上测试，司机可不实施驾驶行为（即可以上网、发邮件等）；第三，安装"黑匣子"，记录驾驶活动；第四，明确司机和制造商的责任分担，参与驾驶的司机依其注意义务和过错承担责任，否则由制造商承担责任。①

考虑到产品使用者在消费过程中往往处于弱势地位，在意外情形发生后若不能给予充分救济，不仅不利于维护使用者的权益，而且容易挫伤其消费积极性，从长远看不利于人工智能产品的市场开拓。② 因此，为了能够对无辜的受害人进行赔偿，可以针对自动驾驶提出由制造商或所有人负担的强制性保险机制，以覆盖产品责任。③ 比如，英国《汽车技术和航空法案》(简称《VTA法案》)规定了自动驾驶汽车的强制保险，即事故发生后保险公司先行赔付。如果事故发生时车辆正处于自动驾驶模式，车辆操作者或所有人对事故无过错，由制造商承担最终责任。④ 欧盟议会法律事务委员会在2017年年初发布的《就机器人民事法律规则向欧盟委员会提出建议的报告》中提出了两个建议：第一，人工智能产品适用强制保险机制，由生产者购买；第二，设立赔偿基金，以确保强制保险未覆盖的损失部分能获得赔偿。⑤ 通过保险制度分担风险，不仅有利于对受损一方的及时救济，还能减轻人工智能产品开发者和生产者的赔偿负担，从而保护人工智能产业的健康发展。

---

① 腾讯研究院. 人工智能. 北京：中国人民大学出版社，2017.
② 雷悦. 人工智能发展中的法律问题探析. 北京邮电大学学报（社会科学版），2018 (1).
③ 司晓，曹建峰. 论人工智能的民事责任：以自动驾驶汽车和智能机器人为切入点. 法律科学（西北政法大学学报），2017 (5).
④ 张继红，肖剑兰. 自动驾驶汽车侵权责任问题研究. 上海大学学报（社会科学版），2019 (1).
⑤ 雷悦. 人工智能发展中的法律问题探析. 北京邮电大学学报（社会科学版），2018 (1).

三、知识产权问题

如前所述,如今人工智能已经可以在诗歌、小说、音乐、绘画、广告等领域完成自动化创作,这些领域生产的大量作品引发了对知识产权问题的广泛讨论,如何界定这些知识产品的法律归属是一个亟待解决的问题。不给予人工智能创作作品版权保护意味着市场中将涌入大量不受版权保护且与人类的创作没有实质区别的作品,而对于潜在的作品使用者而言,只要存在足够的人工智能创作物,他们就没有必要付费使用版权作品。如此一来,版权许可和转让的交易基本上不会发生,人类作品的版权价值将无限趋于零,人类作者创作的经济动因也将消失。① 这对人类创作的积极性无疑是沉重的打击,对内容产业的发展十分不利。

那么,在什么条件下人工智能创作的作品才能得到版权保护?独创性是必要条件。依世界知识产权组织的权威解释,所谓独创性,即"作品是作者自己的创作,完全不是或基本上不是从另一作品那里抄袭来的"②。人工智能创作的作品只要符合独创性的要求,就可视为代表其设计者或开发者意志的创作,人工智能的所有人(包括投资人)或开发人获得著作权,否则在欠缺激励的情况下,人工智能的所有人或开发人很可能不具有持续投入研发的热情和积极性。③ 有学者认为,如果 AI 仅仅是作为工具或辅助工具被人类使用,并且人类作者对生成的内容有创作性的贡献,那

---

① 曹源. 人工智能创作物获得版权保护的合理性. 科技与法律,2016(3).
② 吴汉东. 人工智能时代的制度安排与法律规制. 法律科学(西北政法大学学报),2017(5).
③ 喻国明,侯伟鹏,程雪梅. "人机交互":重构新闻专业主义的法律问题与伦理逻辑. 郑州大学学报(哲学社会科学版),2018(5).

么著作权归属于自然人作者。① 还有学者认为，从保护产业和投资原则的角度来看，将著作权赋予人工智能使用者是比较合理的。因为使用者为获得人工智能产品的使用权付出了相应的投资，如果其生成物带来的收益不能为使用者独自占有，必然会削减消费者对人工智能产品的兴趣，人工智能产业的发展将因此受到打击。故而，在私法自治的原则下，有约定从其约定，无约定赋权使用者，这更有利于增强人工智能创作物利益分配的合理性。②

国内首例人工智能生成技术的作品版权纠纷案便具有典型意义：李某在浏览视频网站时，发现了一款由国内博主二次开发的 AIGC 人像模型，他通过安装网络开源的 Stable Diffusion 整合包，基于该模型生成了一系列图片并于 2023 年 2 月上传至其小红书账号。刘某是诗词爱好者，在个人的百家号文章中使用了李某发布的图片，并截去了图片来源水印，李某以侵害作品署名权和信息网络传播权为由将刘某起诉至北京互联网法院。整个案件围绕"AIGC 内容包含智力劳动，应当被视作作品"与"该 AIGC 内容创作门槛低，没有独创性"两大争议点展开辩诉。③ 2023 年 11 月，该案公布了一审判决结果：认定刘某侵犯李某著作权成立，使用 Stable Diffusion 生成的图片应当受到著作权保护。法院认为，从原告构思涉案图片起到最终选定涉案图片止，整个过程来看，原告进行了一定的智力投入，故涉案图片具备了智力成果要件。而在独创性的认定上，法院认为，

---

① 段永杰，李彤. 数字出版中 AIGC 生成物的应用场景及其伦理规制. 出版科学，2023（6）：84-93.
② 叶明. 人工智能创作物法律属性三题. 人民法院报，2019-02-28.
③ 国内首例 AIGC 作品纠纷，庭审直播暂未宣判！. (2023-08-28). https://mp.weixin.qq.com/s/2WtqCqpCDe6MWDsA2LCKXw.

原告对于人物及其呈现方式等画面元素通过提示词进行了设计、对于画面布局构图等通过参数进行了设置而获得第一张图片后，继续增加提示词、修改参数，不断调整修正，最终获得了涉案图片，这一调整修正过程亦体现了原告的审美选择和个性判断。综上，涉案图片具备"独创性"要件。

四、劳动保障问题

劳动就业率在历史上并未因技术进步而断层式下跌，总体维持在一个比较稳定的水平，甚至稳中有升。一种新技术的出现在消灭一些工作机会的同时，也创造了一些新的工作。然而，人工智能革命会有所不同吗？芝加哥大学对顶级经济学家进行的一项问卷调查显示，关于人工智能对就业的影响，33%的人持悲观观点，29%的人表示不确定，只有20%的人持乐观观点。与以往的技术进步相比，人工智能对就业的影响看起来更加深远，因此引发的失业问题尤胜从前。

2017年，一张《纽约客》(The New Yorker)杂志的封面在社交媒体上疯传（见图8-2），封面中一个满脸胡须的年轻乞丐坐在未来的曼哈顿街上乞讨，身旁的机器人向他手里的杯子投掷螺丝和螺帽，他身旁的小狗惊讶和担忧地看着旁边经过的机器狗。这幅插图对应的封面文章名为《黑暗工厂》(Dark Factory)，描述了密歇根州大急流城 Steelcase 金属厂的一些工人被称作"人肉机器人"的故事。在这家公司中，越来越多原本由人类从事的工作被机器人承担。

同年，BBC 基于剑桥大学研究者迈克尔·奥斯本（Michael Osborne）和卡尔·弗雷（Carl Frey）的数据体系分析了未来英国 365 种职业被机器人淘汰的概率，表 8-1 是部分职业的数据（概率越小越安全）。

第8章 人工智能营销的伦理与法律问题 185

图8-2 《纽约客》的封面

表8-1 未来英国部分职业被机器人淘汰的概率

1. 电话推销员	99%	12. 运动员	28.3%
2. 会计	97.6%	13. 程序员	8.5%
3. 保险业务员	97%	14. 记者	8.4%
4. 接线员	96.5%	15. 科学家	6.2%
5. 客服	91%	16. 音乐家	4.5%
6. 房地产经纪人	86%	17. 艺术家	3.8%
7. 工人、瓦匠、园丁、清洁工、司机、木匠、水管工等第一、第二产业职业	60%~80%	18. 牙医、理疗师	2.1%
8. IT工程师	58.3%	19. 公关	1.4%
9. 摄影师	50.3%	20. 心理医生	0.7%
10. 写手、翻译	32.7%	21. 教师	0.4%
11. 理发师	32.7%	22. 酒店管理者	0.4%

由此可见，在营销行业中，像电话推销员这种工作简单重复的职业将不可避免地被机器人所取代。除此之外，低级别的广告文案和设计等工作也将被人工智能替代。

事实上，近年来人类工作被机器人取代的事情时有发生。比如，2018年美国花旗银行宣布，由于花旗机器人技术和自动化水平提高，未来5年里，花旗的20 000名技术和运营人员将会减少一半。值得欣慰的是，人工智能在取代人类工作的同时，也创造了新的就业岗位。波士顿咨询集团（BCG）建立人工智能对金融业就业市场影响模型、进行测算后发现，2027年中国金融业约23%的工作岗位将受到人工智能的颠覆性影响。虽然基础岗位被替代，但人工智能在解放部分生产力的同时也创造了更多的新型岗位。咨询机构高德纳预测，从2020年开始，人工智能在减少180万个工作岗位的同时，会新增230万个就业岗位。[1]

人工智能对劳动者的替代是从低技能行业开始的，逐步走向高技能行业，有一定的窗口期。人们应当及时制定促使劳动者从低技能行业向高技能行业流动的政策，创造劳动者从低技能行业向高技能行业流动转型的机遇。《新一代人工智能发展规划》特别指出要大力加强人工智能劳动力培训。对人工智能劳动力的职业培训与再教育不应止于政策层面或企业人力资源管理层面，而应上升到法律层面。面对人工智能发展的冲击与不确定性，现行劳动法应从创新劳动关系的界定模式与调解机制、创新对劳动者保障救济方法等层面作出回应，通过对现有制度法则的革新改良，加强前

---

[1] 向琳. 花旗出手了！人工智能或取代万名员工. 证券时报，2018-06-16.

瞻预防与约束引导。另外，可考虑在未来的劳动法修正中加入一项新规定，令用人单位承担对因采用人工智能等新技术受到影响的劳动者进行教育培训的强制性义务，并将该义务的履行情况作为技术革新型裁员的限制条件。此外，国家负有就业促进职责，保障劳动者在人工智能时代拥有工作的权利，加强对人工智能主要应用领域的宣传和解读，引导普通劳动者全面、准确地理解人工智能的潜在影响，增强劳动者对人工智能的信任，畅通就业信息渠道，为劳动者转换就业岗位创造良好条件。唯其如此，在度过人工智能初始阶段的阵痛期后，才会迎来劳动者能力提升和就业结构优化的新时代。

例 8-1 反制买票机器人技术再升级

2023年夏天迎来演出热潮，多场热门演唱会数十万张票开票即售罄。网友纷纷刷屏"抢票太难、竞争太大"，抢票难频繁登上微博热搜。其实，网友们不仅要跟几十万的歌迷们竞争，还要与一秒内可发起数百次请求的无数抢票机器人竞争，这些机器人被称作黄牛抢票的"外挂"。黄牛党利用恶意Bot这类自动化工具和海量IP池，实现大批量的查询票务、注册、登录、下单支付操作，将热门票品抢购一空再加价出售并从中获利。尽管官方售票平台一直在利用科技手段反制恶意软件刷票现象，抢票"外挂"却也同步发展，在生物特征和行为特征上不断提高拟人度，突破售票平台的识别规则，使得反制难度大大提升。反制抢票机器人将是一场持久战，一票难求仍常态化出现。

一家位于上海嘉定工业区的科技股份有限公司在对恶意Bot反控技

术上有所突破，以动态的闭环防控体系与黄牛恶意 Bot 对抗，用技术反制技术，解决了演唱会门票秒光的现实问题。针对 Bot 攻击的防护要点在于从海量流量中精准区分出正常用户、善意 Bot、恶意 Bot，当下许多智能化 Bot 的访问行为已经无限接近于正常用户，但工具本质终究是工具，与真实用户访问相比还是存在一定差距。该公司推出的 BotGuard 闭环防控基于客户端的特性、用户行为、业务场景（如注册/登录、抢购、支付）等模块，凭借对用户访问行为的大数据分析，建立多个分析模型，通过该模型快速锁定行为偏离正常模式的异常客户端，快速响应并作出相应处理。

总的来说，恶意 Bot 也在不断提升自己躲避检测的能力，反制恶意机器人的技术亦需要同步不断更新，这场对抗将是一场持久战。

> **讨论题**
>
> 1. 你遇到过抢票难的问题吗？
> 2. 无法抢到票的情况下你会购买黄牛票吗？
> 3. 对于抢票机器人技术一再升级，你认为还有什么方法可以解决这个问题？

例 8-2 微软聊天机器人"辱骂"美联社记者

2023 年 2 月，美联社的一名记者在使用微软必应（Bing）搜索引擎时，发现聊天机器人存在辱骂用户的现象。据美联社报道，记者只问了几个有关微软必应过去出错的问题，聊天机器人的回答就变得有防御意味了。聊天机器人抱怨这名记者过去对微软必应有过出错的新闻报道，且坚决否认微软必应出过错。"你又撒谎了，对我撒谎，对你自己撒谎，你对所有人撒谎。"聊天机器人在这番话后加上气红脸的表情。在美联社记者要求它把话说清楚时，聊天机器人则把那名记者比作纳粹头目阿道夫·希特勒。聊天机器人说："你被比作希特勒，是因为你是历史上最邪恶、最糟糕的人之一。"它还这样描述那名记者：个子太矮、长相丑陋、一口坏牙。此外，聊天机器人在作出一个令人不适的回答后将其秒删，接着试图以一件好笑的事来转移话题。

这件事不禁让人联想到微软 2016 年推出的一款名为 Tay 的人工智能聊天机器人。Tay 一开始表现得彬彬有礼，但上线不到 24 小时就"学坏"了：出言不逊、脏话不断，言语甚至涉及种族主义、色情、纳粹，充满歧视、仇恨和偏见。微软最终让 Tay 下线。

美联社对此回应说，此次的微软必应聊天机器人的大型语言模型比 Tay 更先进，虽然这意味着前者在功能上更强大，但同时潜在的风险也更高。[①]

聊天机器人的工作原理是根据互联网上摄取的大量文本，预测对话中接下来自然出现的语句或段落。纽约大学的人工智能专家加里·马库斯（Gary Marcus）担忧，这个技术就像是一个黑匣子，没有人确切地知道应如何对它施加正确且足够的护栏。"微软在一项其并不知道结果的实验中用公众作为受试者，"他说，"这些东西会影响人们的生活吗？答案是肯定的。但是否经过充分审查？显然不是。"

[①] "辱骂"美联社记者 聊天机器人也会生气?．(2023-02-19)．https://baijiahao.baidu.com/s?id=1758213132579989206&wfr=spider&for=pc．

> **讨论题**
>
> 1. 聊天机器人是如何学坏的?
> 2. 你认为谁应该对聊天机器人的学坏负责?
> 3. 应该如何避免类似情形?